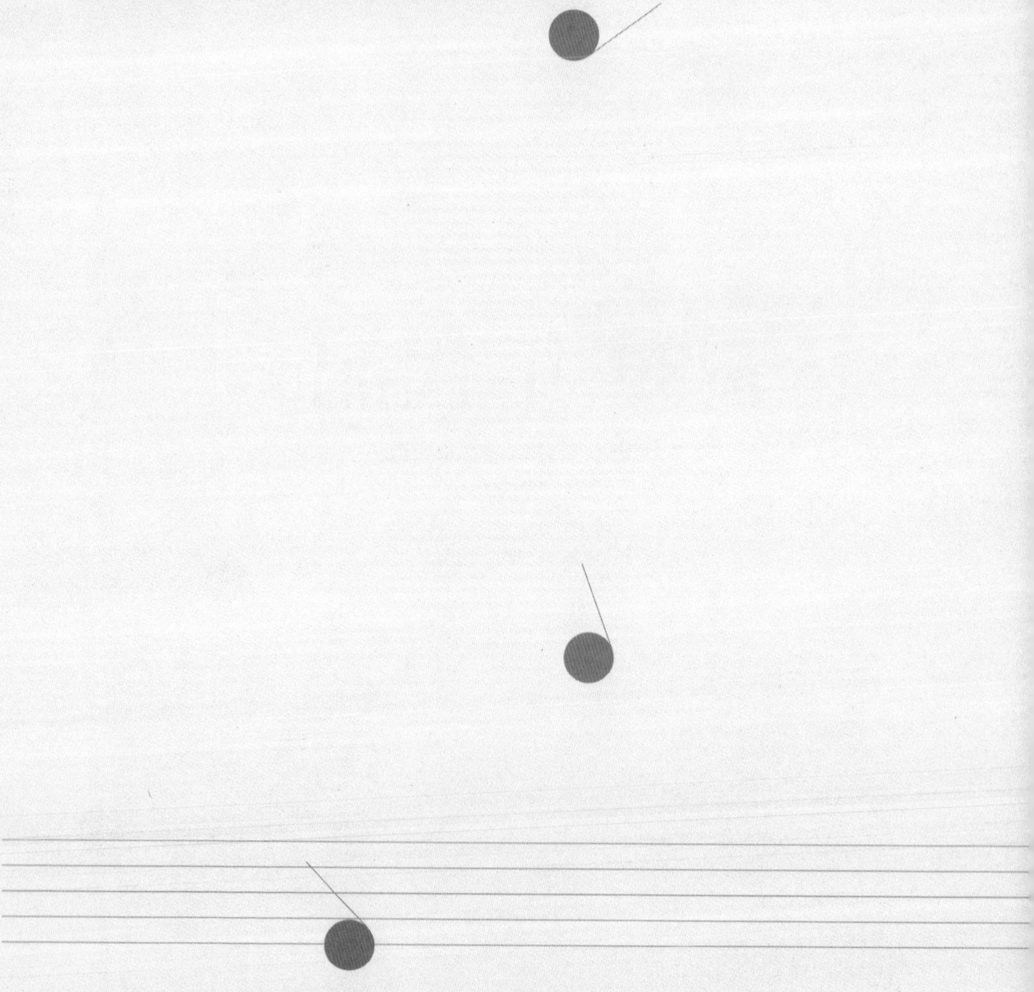

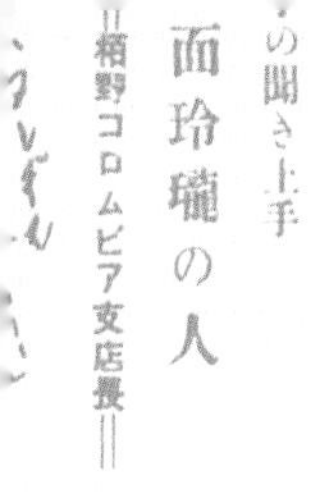

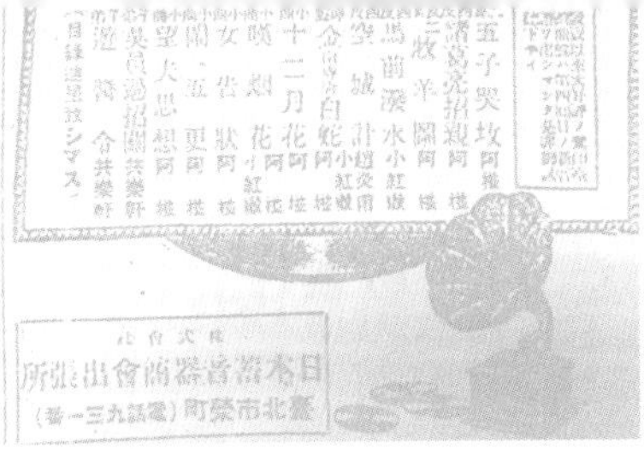

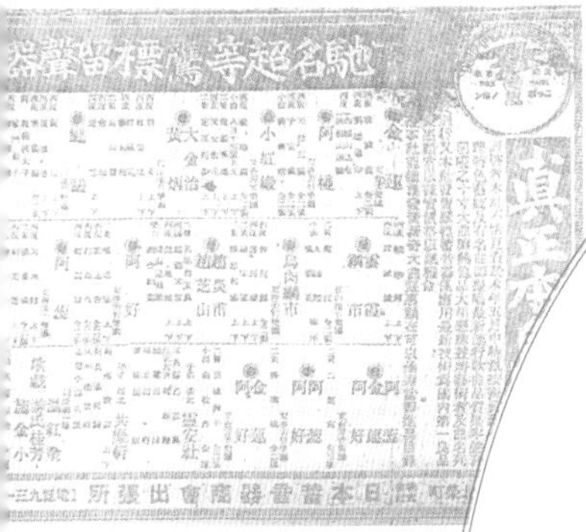

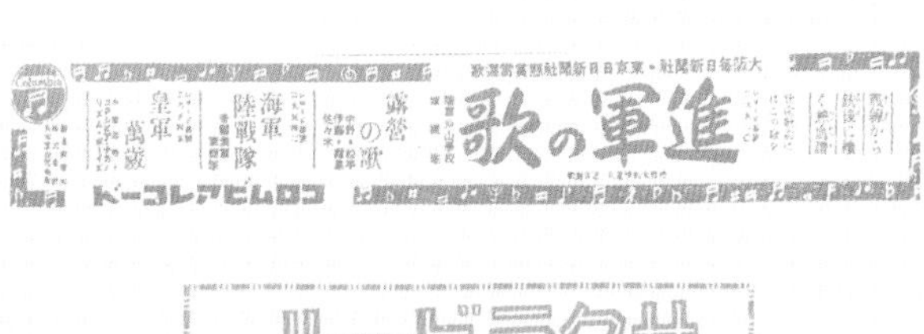

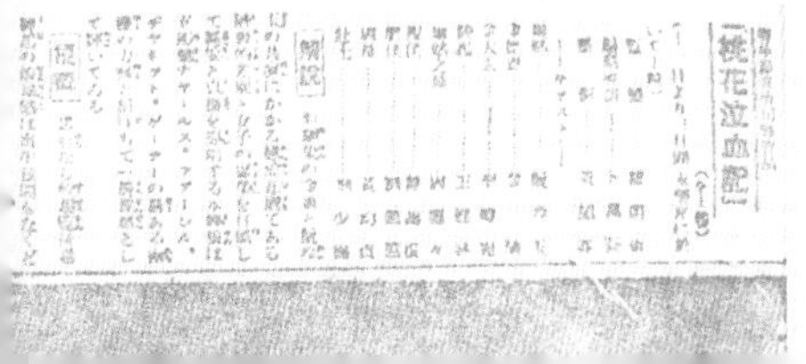

圖解台灣
TAIWAN
32

流行歌年代記

黃裕元 著

晨星出版
Morning Star

自序

開放的我們的歌

自踏入歷史學院以來，我就一直以流行歌曲為研究主題，開始是認識歌壇幕前幕後的前輩，接著認識文史專家，又接觸唱片蒐藏家，受到各界的照顧與分享，漸漸的，來往許多文學、音樂、歷史學領域的前輩學友，相互切磋、交流日繁，同在流行歌研究的路上，研究同仁間每有交換心得的機會，發現大家普遍的困擾，往往是資料的來源問題。

流行歌的史料多集中在唱片、歌本，還有歌壇人士的個人資料，幾乎沒有一樣是在既有的圖書館收存，出版復刻發表的唱片資料也尚零星，要進行較大範圍的研究，往往得仰賴蒐藏家，或各方大德的前行研究。幸而我們生在網路的時代，在網路上可以蒐集影音資料，或在二手網拍市場找東西，零碎蒐集資料、硬碟裝得一個又一個，似乎有點心得而下手撰述了一番，卻總是感到缺乏關鍵的那一塊拼圖。

關於這樣的困局，我個人特別有感，撰寫博士論文期間，還屢屢做起「發現新唱片」的噩夢。愛聽老歌的我，怎麼會害怕發現新唱片呢？當你拼湊零碎的史料，好不容易洋洋灑灑論述一大篇，突有新的關鍵史料冒出來顛覆你的論點，那會是多可怕的事啊！幸得幾位不藏私的蒐藏家挹注分享，便在網路上搜尋線索、追本溯源，在龐大的資料堆裡反覆整理，不斷想找到關鍵史料，卻又害怕出乎意料的資料出現。

這樣既期待又怕受傷害的噩夢，一直到博士論文發表後，才逐漸袪除，這些年來，工作與研究進入不同的階段，心態上也有了新的體悟。由於較廣泛地掌握聲音史料，加上在博物館工作的關係，密切接觸各類聲音文獻與唱片，更必須直接面對聽眾與社會大眾，在從事內容解析與分享的工作上，我不再去綜整總體的流行音樂的歷史，而是從聽到的線索，點滴撿拾、拼湊成短時間內可以說得完的故事。

在前述過程中，受到各界期刊主編的抬愛，常有各式文章的發表，這些故事固然簡短，從中卻能發現許多新的理路。依憑文青主編的激勵，終於有機會將這些歌曲故事文章彙整成書。在初步彙整後，再就先前以學術論文撰述的幾個關鍵的歌曲故事，抽出來改寫簡化，完成數篇新文。這些歌的故事，整體再以歌唱的年代來排序，是為《流行歌年代記》。

翻唱的意義

本書彙整與改寫的過程，其實也撿拾重整個人過往的思考與累積，逐漸歸結的結果，漸漸浮現一個核心的關鍵詞：翻唱。

蔣渭水、謝星樓翻唱日本軍歌和儀式歌，鹽埕區長翻唱業佃宣傳歌，古倫美亞開業時翻唱中國與日本的民謠歌曲，二戰後有人翻唱電影主題曲，文夏翻唱日文歌等等。

以往我們總是說，創作新歌是流行歌曲發展的主力，本書這些歌的故事告訴大家——翻唱歌曲，也時常是臺灣流行音樂發展的關鍵力量，不但長久一直是暗流，有時甚至成為主流。

翻唱後衷於原味的很多，變得不正經、而成為「歪歌」的也很多，也有隨著時局變動而豬羊變色，由紅翻黑、由邪翻正的情況，都會發生。這些過往的歌謠故事並非史跡斑斑，都得更廣泛的文獻與聽覺拼湊，才能發覺。

關於翻唱歌曲，說來也是人的本能，特別是臺灣歌唱文化本就喜好倚聲託詞，創作與演出者投入、累積，自然成為臺灣人在聽覺記憶裡摸索、對話的故事，最有趣的是，無聲的聽眾觀眾們，有時也會冒出來表現支持——用購買唱片、傳唱與再創作，來表達自己的看法。

說到這些翻唱的歌，有人帶著批評的口吻說是混血歌，或質疑是破壞原創、不尊重著作權，用學術口吻分析，可以說是殖民現代性、後殖民、準全球化、文化工業等等，不管怎麼樣的理論、說法，好聽的歌、精彩的故事，就是這麼穿透人心，甚至可以改變我們聽覺的角度。

所以說，你如果想從這本書，來了解總體流行音樂或流行歌曲的歷史，那你恐怕會失望。但如果要理解臺灣流行音樂的歷史，卻不知道本書這些歌曲的故事，說來也會不夠透徹、不夠完整。

臺灣人總在既有的歌曲之上，透過歌詞的改編、唱腔的調整、音樂的表現，重新演繹，用來宣揚自己的立場、抒發自己的情感，甚至發展成本土的歌唱天地。這樣的歷程，遠看似乎有點詭譎、矛盾、混搭，卻顯現出臺灣人正向溫暖、包容開放的態度。

這些曾經穿透族群、打破語言隔閡的臺灣歌，如能經由這些文章的傳閱，讓他們再多讓人知道，甚至能再傳唱、再乘載一點人們的夢想與希望，真是研究發表之間，無上的功德了。

於臺南

目錄

自序 開放的我們的歌 4
1921 臺灣文化協會會歌——沒有歌曲運動，卻有運動歌曲的時代 14
1931 烏猫行進曲——有聽沒有懂，第一批臺灣流行歌 30
1933 毛斷相褒——最新流行，陳君玉的把戲 44
1933 跳舞時代——不只古倫美亞，第一代創作歌曲 52
1934 無醉不歸——醉茫茫，酒促歌謠裡的正經心情 60
1934 藝術家的希望——蜜司臺灣，臺灣小姐選拔記 70
1935 夜來香——狗標新小曲，民間音樂的新面貌 82
1940 挨拶——打招呼講國語，語言混雜與族群邊界 92

1947 露營之歌——鄉土流行歌，實景實情二二八 104
1948 生活苦——故鄉之歌，哀歌裡的戰殤故事 116
1955 純情阮彼時——運河悲愁，失傳歌謠裡的幽靈 126
1959 黃昏的故鄉——臺灣歌謠日本化，日本歌謠臺灣化 136
1961 三年——禁禁禁！這些帶顏色的歌兒 146
1961 媽媽我也真勇健——勁歌，翻唱流行歌的查禁與盛行 154
1962 站在臺灣的街上——紀念國寶歌王文夏 168
1964 鹽埕區長——臺灣成人世界的國民記憶 178
1965 南都夜曲——城市與歌，浪漫夜曲情歸何處（上） 194
1965 南都夜曲——城市與歌，浪漫夜曲情歸何處（下） 204
1969 負心的人——磨合，擋不住的禁歌金曲 212

流行歌年代記

1921

臺灣文化協會會歌

沒有歌曲運動，卻有運動歌曲的時代

在當代臺灣，每逢選舉日近，電視、廣播、街頭巷尾便開始響起一些競選歌曲，有的是眾人都熟悉的歌，訴說友誼或勇氣，或是鄉土認同的，有的是全新創作的詞曲，反覆唱名字、口號致力洗腦的，也有以人人熟悉的曲調填上新歌詞。競選歌曲文化之發達，每到大型選戰，各陣營都號召音樂人入陣，發表新歌甚至出專輯拚場，人在選戰、歌曲也隨軍大會戰，比大聲、比廣為散播，更要比能讓人琅琅上口。

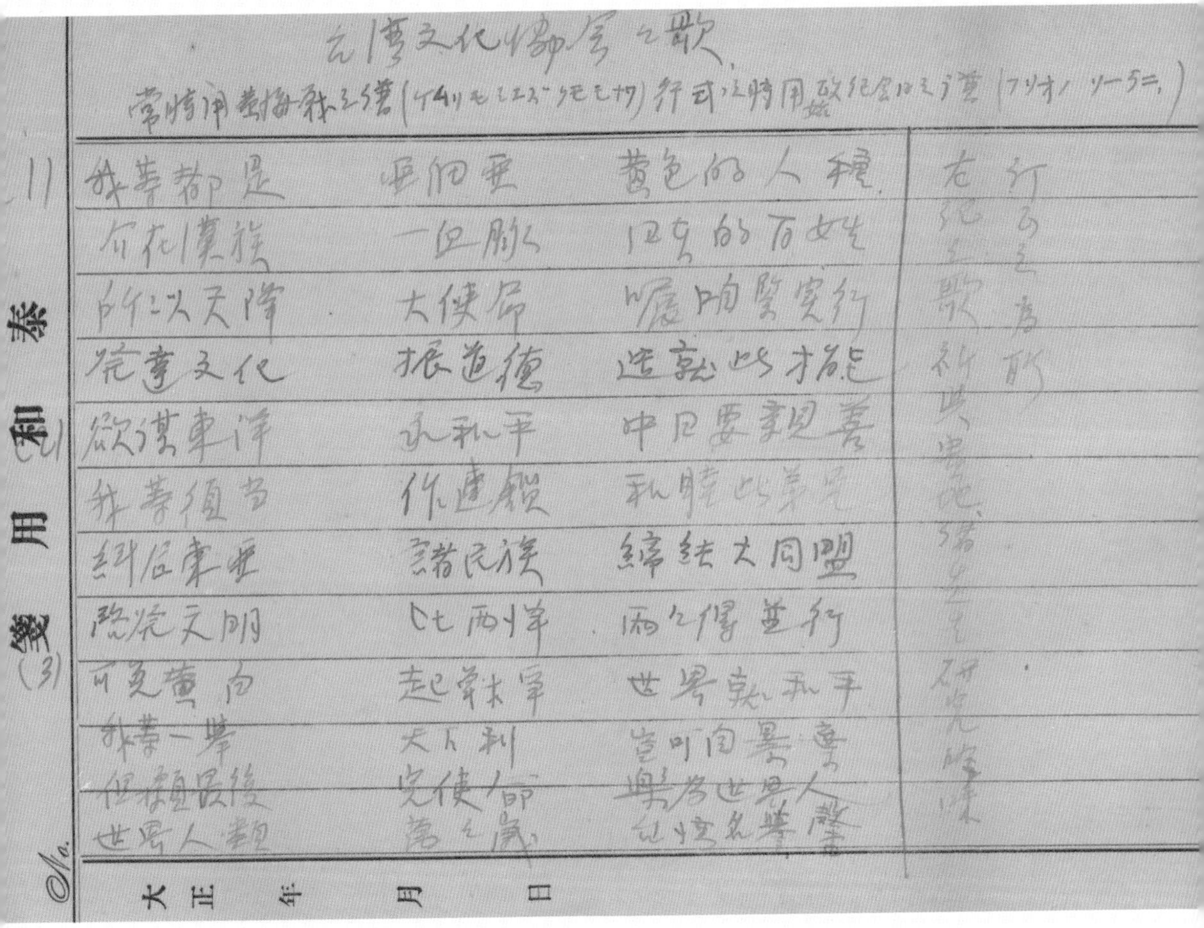
台灣文化協會之歌

我等都是　亞細亞　黃色的人種
介在漢族　一血脈　日本的百姓
所以天降　大使命　囑咐緊實行
發達文化　振道德　造就此才能
欲謀東洋　永和平　中日要親善
我等須當　作連鎖　和睦此弟兄
糾合東亞　諸民族　締結大同盟
啟發文明　比西洋　兩兩得並行
可免黃白　起戰爭　世界就和平
我等一舉　天下利　豈可自暴棄
但願最後　完使命　樂為世界人
世界人類　萬萬歲　台灣名譽馨

[illegible]

箋用和泰
No.
大正　年　月　日

臺灣文化協會會歌出自蔣渭水寫給林獻堂的書信，歌名下註明用什麼曲調唱。（國立臺灣歷史博物館／提供）

類似這樣的「歌謠戰」，在臺灣其實已經熱戰超過一百年了。百年前，沒有網路、mp3、電視、錄音帶、廣播、收音機，麥可風、擴音喇叭、宣傳車都還沒發明，電影、唱片才剛起步，電影是無聲的，唱片是發條留聲機專用的……在那幾乎沒有大眾傳播媒體，也沒能有歷史錄音留下來的年代，社會群體間的緊張關係，就體現為歌曲編唱與競相宣傳，而留下各種不同的歌謠。

要說本土運動歌曲的開端，大概可以從「臺灣文化協會會歌」說起。

文協會歌百年重現

創立於一九二一年的「臺灣文化協會」，是日本殖民下臺灣人集體政治行動的重要組織，堪稱臺灣本土社運的第一品牌。關於文化協會的「會歌」，歷史紀錄不多，在文協重要成員連溫卿的撰述中，有提到文協成立大會上通過一首「暫定會歌」，歌詞兩段：

作為臺灣新知識青年代表的蔣渭水醫師
（李曉彤／插畫）

一
我等都是亞細亞　黃色的人種
介在漢族一血脈　日本的百姓
所以天降大使命　矚咱緊實行
發達文化振道德　造就此才能

二
欲謀東洋永和平　中日要親善
我等須當作連鎖　和睦此弟兄
啟發文明比西洋　兩兩得並行
可免黃白起戰爭　世界就和平

前述記錄僅存歌詞，後人並不知道如何唱，於是就沉寂在史料中，而不被注意。直到近年來，坊間出土了一筆重要文獻，帶給我們更多關於文協會歌的線索，甚至可以重新唱出來。那是文化協會成立不到一個月前，臺北大稻埕的蔣渭水醫師寫給臺中霧峰林獻堂的信。

該封信內容有三頁，前兩頁主要說明文協籌備的

文協總理林獻堂（季曉彤／插畫）

情形，第三頁把信紙打橫書寫一首整齊的三段體詩歌，題名為〈臺灣文化協會會歌〉。紙面只有歌詞、沒有曲譜，不過，蔣渭水在歌名下註明一段文字，給了我們關鍵的線索：

「常時用黃海戰之譜（ゲムリモミエズクモモナク）
行式時用始政紀念日之譜（フソウノソーラニ）」

這兩句話，意思是依場合而有兩種唱法：第一、平常時是用「黃海戰之譜」，後面括號內註明其原曲的歌詞，把這段片假名在網路查找，就能搜尋到一首叫〈勇敢なる水兵〉的知名日本軍歌。第二、儀式時要用「始政紀念日之譜」，「始政紀念日」是臺灣總督府設置的紀念日（六月十七日），這歌名與歌詞就不容易找了，原來是出自當時收錄於公學校「唱歌科」五年級教科書的歌。

依照蔣渭水的設計與提議，文化協會會歌是用大家普遍知道的旋律，重新填詞的歌，也就是依曲填詞的「翻唱歌曲」。所寄的曲調，是公學校裡有教的儀典歌曲，幾乎人人都會唱，為了怕讀者不懂，蔣渭水還貼心地括弧註明歌詞，讓協會同仁很快可以知道要怎麼唱，邀請獻堂先生廣發各界，提供意見訂正。

就憑著這張歷史文獻，二〇一〇年音樂時代劇〈渭水春風〉在舞臺

點心擔合唱團唱〈臺灣文化協會會歌〉（儀式版）（引自「臺灣音聲 100 年」）

音樂劇「渭水春風」〈臺灣文化協會會歌〉（遊行版）選段

上重現了遊行版的〈文化協會會歌〉，二〇一七年臺灣歷史博物館邀請了「點心擔合唱團」，錄音公開，讓大家聽見儀式版的文協會歌。

翻唱軍歌，認知作戰

蔣渭水的原稿三段歌詞，跟連溫卿所載的兩段歌詞，其實相去不遠，簡單說就是把第二、三段掐頭去尾拼起來，濃縮成了一段。原稿的內容是這樣的：

一　我等都是亞細亞　黃色的人種　介在漢族一血脈　日本的百姓
所以天降大使命　囑咱緊實行　發達文化振道德　造就此才能。
二　欲謀東洋永和平　中日要親善　我等須當作連鎖　和睦此弟兄
糾合東亞諸民族　締結大同盟　啟發文明比西洋　兩兩得並行。
三　可免黃白起戰爭　世界就和平　我等一舉天下利　豈可自暴棄
但願最後完使命　樂為世界人　世界人類萬萬歲　臺灣名譽馨。

所以說，在成立大會唱的暫定文協會歌，歌詞中並沒有「中日親善」、「樂為世界人」、

始政記念日
♩=100
始政記念日
渡邊春藏 作歌
一條愼三郎 作曲
第一章
扶桑の空に高光る
始めて茲に敷きまし、
我が日の御子の政事
よき日を祝へ萬歳に。
第二章
內外の海の隔てなき
臺灣島に輝きし
明治の光り限もなく
譽を歌へ萬歳に。
第三章
昔の御代に例なき
萬の國に轟きし
よき日は今日のよき日なり
譽は今日の譽なり。

〈始政紀念日〉詞譜（引自國立臺灣圖書館）

「世界人類萬萬歲」等句子，至於為什麼刪掉這幾句，由於沒有任何人證物證，就留由讀者自行推敲了。

既是歌詞，自然要能易於識音辨義，用臺語讀讀看，蔣渭水所寫的三段體歌詞，除有些字詞較艱澀外，基本沒有使用典故，算是容易理解的。作為新知識青年代表的蔣渭水，拋棄了漢體詩文創作的習性，寫下這樣的白話歌詞，可說是別具新世代文化創意的做法，確實達到可普及的效果。

在套用曲調方面，選用象徵日本在臺統治宣傳歌的〈始政紀念日〉，以及讚揚甲午戰爭海軍〈勇敢的水兵〉，可想見肯定沒有經過原作者授權。你可以說，蔣渭水沒有著作權觀念、任意使用他人作品，但背後的理路實在耐人尋味。

這兩首象徵「日本把中國踩在腳底下」的歌曲，經過蔣渭水的巧思，變成了文協會歌，讓文協同志們用來號召意志、凝聚共識，可以想見，對聽過這個「新歌詞、新唱法」的民眾來說，往後再聽見類似的日本軍歌、儀式歌曲時，是不是也增添了懸念，而對日本的統治產生懷疑呢？就這點來想，蔣渭水根本是故意的，刻意冒用殖民者的宣傳調，企圖達到「認知作戰」的效果。

會歌之外，文協初期較知名的社運歌曲還有〈臺灣議會設置歌〉，由謝星樓作詞，也是改編自日本軍歌。第一段歌詞：

一　世界平和新紀元　歐風美雨思想波瀾
自由平等重人權　警鐘敲動強暴推翻
人類莫相殘慶同歡　看、看、看　美麗臺灣
看、看、看　崇高玉山。

這首詩歌我們讀起來就比較吃力了，不過聽說當時在東京議會請願時，大家都唱得很起勁。畫家陳澄波一九二五年就讀東京美術學校時，前往東京車站參加了議會請願活動，在他的筆記本上還特別抄寫歌詞，作為紀念。

議會請願歌的曲調採用日本軍歌〈步兵的本領〉，有意思的是，同一時間日本左派運動興起，也用同一調改唱成〈萬國勞動者團結起來（勞動節歌）〉的歌詞，高唱全世界的勞動者團結起來，一曲三詞，各有政治動員的立場，甚至是截然對抗的關係。

點心擔合唱團唱〈臺灣議會設置請願歌〉（引自「臺灣音聲100年」）

殖民者的逆襲：臺灣之歌徵選

借用日本軍歌改編為運動歌曲，可說是以牙還牙的妙計。追根究柢來看，這場「歌謠戰」——以歌曲宣傳特定理念的開端，當然算是日本人先動手的。

廿世紀初在臺日人漸增，近代編唱新歌謠的文化滲入臺灣，在臺的日本教師開始新編歌謠，讚頌國威、傳達忠君愛國思想，也闡述臺灣各地特色，表達愛鄉愛國的精神。比如一九一〇年國語學校教授宇井英、高橋二三四編寫的〈臺灣周遊唱歌〉，以日本「七五調」詩歌的節拍作成長歌，全長九十個段落。在網路上可以看到「初音未來」歌唱版的影片，超萌的聲音，重現百年多前的環島風光。

當然影響力最大的，還是公學校的「唱歌科」，對教育現場來說，是藉由唱歌來學習「国語」（日本話），並灌輸殖民教育的理念，對受教育者的臺灣人來說，卻藉此獲得共同的歌唱文化，擁有共同的旋律記憶。

共同的歌唱文化與旋律記憶，可說是「社會一體化」或所謂「殖民現代性」具體而微的文化現象，也就在這樣的社會基礎上，讓文協志士們找到切入點，凝聚臺灣全民運動的底氣。

不過俗話說「道高一尺魔高一丈」，殖民者的文化運動也是與日俱進的。隨著「內地延長」制度的落實，加上在臺日本人的落地生根，日本人的歌謠運動也發生了本質上的改變：開始強調鄉土認同、也開始「愛臺灣」了。

一九二八年昭和天皇登基慶典，總督府委託臺灣教育會發起「臺灣之歌」創作比賽，經

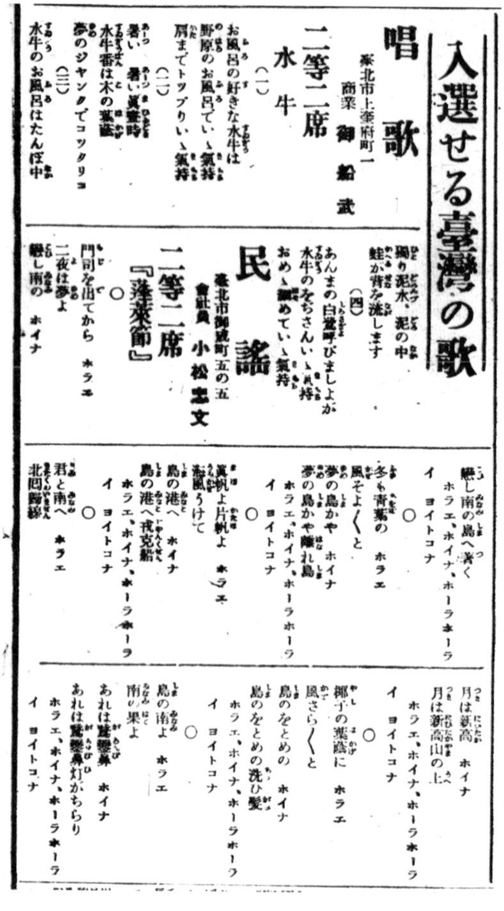

入選せる臺灣の歌

唱歌

臺北市上奎府町一
商業 御船武

二等二席
水牛

（一）
お風呂の好きな水牛は
野原のお風呂でいゝ氣持
肩までトップりいゝ氣持

（二）
暑い暑い眞晝時
水牛番は木の蔭
夢のジャンクでコックリコ

（三）
水牛のお風呂はたんぼ中
獨り泥水、泥の中
蛙が背み流します

（四）
あんまの白鷺呼びましよか
水牛のをぢさんいゝ氣持
おめゝ細めていゝ氣持

民謠

臺北市御成町五の五
會社員 小松忠文

二等二席
『蓬萊節』

○
門司を出てから ホラエ
二夜は夢よ
戀し南の ホイナ
戀し南の島へ着く
ホラエ、ホイナ、ホーラホーラ
イ ヨイトコナ

○
冬も青葉の ホラエ
風そよ〱と
夢の島かや ホイナ
夢の島かや離れ島
ホラエ、ホイナ、ホーラホーラ
イ ヨイトコナ

○
眞帆よ片帆よ ホラエ
海風うけて
島の港へ ホイナ
島の港へ戎克船
ホラエ、ホイナ、ホーラホーラ
イ ヨイトコナ

○
君と南へ ホラエ
北回歸線
月は新高 ホイナ
月は新高山の上
ホラエ、ホイナ、ホーラホーラ
イ ヨイトコナ

○
椰子の葉蔭に ホラエ
風さら〱と
島のをとめの ホイナ
島のをとめの洗ひ髪
ホラエ、ホイナ、ホーラホーラ
イ ヨイトコナ

○
島の南よ ホラエ
南の果よ
あれは鵞鑾鼻 ホイナ
あれは鵞鑾鼻灯がちらり
ホラエ、ホイナ、ホーラホーラ
イ ヨイトコナ

1928年〈水牛〉入選臺灣之歌（引自國立臺灣圖書館）

日治時期台灣水牛影像（引自臺史博 Opendata）

過半年的收件審查，分別從一百九十五首詞曲創作歌曲，和九十三首日本格律歌謠裡，各挑出六首，發表在報紙上，再經譜曲徵選後，完成詞曲。一九二九年六月起在臺灣各都會舉辦發表會，灌錄成唱片、在學校教唱，大出風頭。

這幾首當時徵選出的歌曲，以〈お祭り日〉、〈水牛〉兩首歌最具意義。這兩首的作曲陳華堤、郭明峯，是大稻埕的公學校教師，兩曲後來還收錄到公學校唱歌課本。〈お祭り日〉唱的是臺灣神社的慶典，讚頌臺灣物產的豐收，〈水牛〉唱的是鄉間水牛閒適生活的姿態，唱出悠哉溫暖、風光明媚的臺灣情調。

有意思的是，這兩位能作曲的公學校老師，正好就是鄧雨賢的同事。當兩位同事風光獲獎、作品灌錄成唱片之時，默默無名的鄧雨賢，不知為了什麼離開了教職，前去日本進修歌謠作曲，直到回臺經過一段時日，踏入到唱片流行歌界才發光發熱。

本土社運歌曲之王：蔡培火

在「臺灣之歌」徵選活動發表的同時，臺灣本土運動健將蔡培火，在他用白話羅馬字寫的日記裡寫道：「（臺語）總督府所募集了的臺灣

臺史博製作〈水牛〉歌唱影片
（引自「臺灣音聲 100 年」）

因「臺灣議會設置運動」入獄，蔡培火服刑期間寫下〈臺灣自治歌〉的歌詞。（李曉彤／插畫）

點心擔合唱團唱〈臺灣自治歌〉
（引自「臺灣音聲 100 年」）

點心擔合唱團唱〈咱臺灣〉
（引自「臺灣音聲 100 年」）

歌謠，攏無通到偌好。自月初就想也愛家己做一塊看，詞佮曲到今仔日才攏做好。」（一九二九年四月十五日）

蔡培火酸味十足的批評，理由顯然有二：首先，那幾首都是讚同統治者的「御用歌曲」，其次，那些都是用日本話創作的。以這些入選歌做為假想敵，他當天編寫的歌有兩首：〈咱臺灣〉與〈臺灣自治歌〉。〈臺灣自治歌〉的歌詞，是他早在此四年前，因治警事件、在臺南監獄坐監期間寫的，歌詞抒發臺灣人應該當家做主的義憤，編作的曲譜節拍明朗，顯得雄壯進取。〈咱臺灣〉則是描寫臺灣風光、歷史與認同，較為輕鬆活潑，後來由林氏好在古倫美亞公司灌錄成曲盤，可說是蔡培火的代表作。

蔡培火是公學校教師出身，本身是基督教信徒，善用白話字（教會羅馬字〉，歌詞口語淺白，在音樂上也有相當的造詣，另外也有〈美臺團團歌〉、〈白話字歌〉、〈一新會歌〉等作品，堪稱詞曲共好的本土社會運動歌曲之王。蔡培火晚年曾錄製一張錄音帶，清唱自己多年來累積的創作歌曲，當中〈臺灣自治歌〉唱得尤是慷慨激昂，彷彿聽見政治運動老將的氣魄，聽得讓人肅然起敬。

這裡附帶提到，公學校的「唱歌科」培養了愛唱歌的學生，為了準備唱歌科教學，師範教育體系也養成了許多「愛作曲的老師」。在這幾波你來我往的歌謠戰中，不管在哪個陣營，表現優秀的作曲者，幾乎都是公學校教師出身，小學老師可說是臺灣歌曲創作的先鋒部隊。

創作歌謠的起點

一九二七年文協左傾後，政治運動陣營分裂，左派愛唱一些農工運動主題的歌，他們在集會活動中教唱、遊行行進間合唱，或穿插在戲劇裡演出，靠著民眾口耳相傳傳播，但頂多僅見於宣傳單，或被警察查獲抄錄而殘留。

二林事件中帶領蔗農抗爭的〈甘蔗歌〉，農民組合派、也是公學校老師出身的簡吉等人，曾祕密編印〈三字集〉，臺北維新會編的一首〈反對迎城隍歌〉等等。這些歌在地方社會發揮過多少影響力？今已無人可知。雖然沒有曲譜，比照「文協會歌」的手法，凡是找到適合的曲調，都可以大聲地唱出來，重現當時的慷慨激昂。

前述的歌謠戰史跡斑斑，除了殖民者支持的歌曲之外，都沒能灌錄成唱片，甚至還遭到政府取締與追殺，那是個「歌曲運動」還沒能發生，「運動歌曲」卻應運而生的時代，這些發生在〈桃花泣血記〉、〈望春風〉發表前的事，算是臺灣創作歌謠的上古史了。

延伸閱讀

連溫卿，《臺灣政治運動史》，稻鄉出版社，一九八八。
賴淳彥，《蔡培火的詩曲及彼個時代》，吳三連臺灣史料基金會，一九九九。
蔣朝根編，《人間蔣渭水：蔣渭水歷史影像集》，蔚藍文化、國立臺灣歷史博物館，二〇一九。
黃裕元，許美雲，《樂為世界人：臺灣文化協會百年特展專刊》，國立臺灣歷史博物館，二〇二一。

1931

烏猫行進曲

有聽沒有懂，第一批臺灣流行歌

日本時代唱片又叫「曲盤」，還有人叫「曲餅」，是厚重、易脆易破、以蟲膠作為主要材質的製品，需使用鋼針唱頭的留聲機播放。放在唱機轉盤上，以每分鐘七十八轉快速而穩定地轉動，唱針從外圈落入音軌，順此一路晃動，經由銅管到木箱共振，可以聽到三到四分鐘的聲音，拿來收錄流行歌的話，兩面各一首歌。

《烏猫行進曲》唱片圓標（徐登芳／提供）

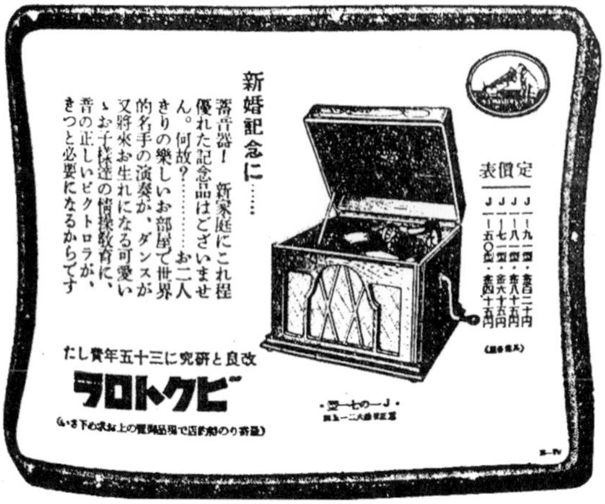

勝利牌的留聲機廣告。（引自《臺灣日日新報》）

這類的唱片規格通用到一九六〇年左右，而後被輕盈、摔不破的塑膠唱片取代，在臺灣這樣淺碟、快速變遷的社會，蟲膠曲盤幾乎被遺忘殆盡，直到一九九〇年代之後，由於古物蒐藏家的分享，重新被注意到其一手史料的價值。不過在研究上有個門檻，就是出版時間難以判斷。

臺灣自有唱片業以來，幾乎都不會在唱片上標示出版年代，根據業界前輩郭一男老師所說，那是避免被顧客認為是過期商品而影響銷路的關係。基於這樣的商業邏輯，面對各式各樣的唱片史料，只能透過圓標的款式，核對公司的歷史資料來推估發行時間。另外，各商標會有其特定編碼的唱片編號，唱片芯的邊緣還有一凹凸透明的錄音編號，這兩個編號可說是唱片錄音與出版的密碼，代表錄音和出版的順序。

比方說：「臺灣第一首流行歌是什麼

歌？」這個問題，就是用這樣目錄學方法進行考訂。早期我們常說，一九三二年的電影宣傳歌〈桃花泣血記〉是第一首流行歌，但在臺灣古倫美亞的出版目錄上，記錄了許多同一年代被標示為「流行歌」或「流行新歌」唱片，這些特別珍稀的曲盤，是臺灣流行歌成形階段的重點史料，現在有機會可以聽得到了，卻仍有許多複雜難解的謎待解破。

登記第一號：烏貓行進曲

〈桃花泣血記〉在推出時，並不是稱做流行歌，唱片上標示的是「聯華映畫公司出品『桃花泣血記』主題歌」，是作為電影宣傳曲在臺北市街唱紅了，才灌錄做唱片發行。在那之前，有〈烏猫行進曲〉、〈五更相思〉、〈跪某歌〉〈跪老婆的歌〉等冠名是「流行歌」的灌錄，而跟〈桃花泣血記〉同批的唱片中，也有許多主題標示「流行新歌」的專輯，歌名有〈毛毛雨〉、〈籠中鳥〉，還有〈草津節〉、〈打某歌〉（打老婆的歌）等等，另外還有許多歸類是「小曲」的歌曲，有〈五更鼓〉、〈雪梅思君〉等等。

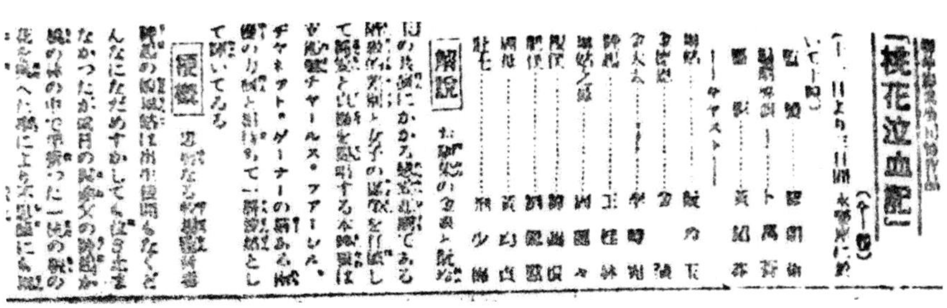
「桃花泣血記」

キャスト

解説

梗概

聯華映畫公司出品《桃花泣血記》上映時的報導。（引自《臺灣日日新報》）

前述的歌曲至今仍流傳的，大概就〈五更鼓〉、〈雪梅思君〉，這類屬於民謠說故事的歌，至於冠名為「流行歌」的歌曲，光是歌名就很耐人尋味了：「烏猫」是將活潑放浪的自由女入詞，「行進曲」是那時日本唱片流行歌行銷最成功的曲式，「毛毛雨」是中國的流行歌，「籠中鳥」（籠の鳥）是日本民謠調，還有跪老婆、打老婆的歌，讓人很好奇到底在唱些什麼。

這些唱片，早先只能從蒐藏家分享的舊藏唱片錄音聽到點皮毛，後來日本大阪民族學博物館發表日蓄公司——亦即古倫美亞當時的錄音資料，可以透過申請調借唱片清晰的母盤錄音，聲音比舊藏唱片清楚許多，但還是沒辦法解讀出太多東西。

以出版編號最前的流行歌唱片〈烏猫行進曲〉來說。可聽出似乎是銅管樂器、風琴的伴奏，還加入木魚等敲打節奏，音樂輕快詼諧而熱鬧，歌聲是喉音為主，粗聽還以為是唱京戲，上下各四段的四句七字（七字仔）臺語唱詞。各段的第一句聽來比較清楚，有「烏貓生做真

臺語以「烏猫」形容當時的摩登女性，女給的工作即其中之一。（引自《臺灣日日新報》）

日蓄唱片廣告，出品小曲〈鬧五更〉等曲目。（引自《臺灣日日新報》）

正美……」、「烏狗等待烏猫……」、「烏貓自幼無人管……」等等，但接著唱些什麼，就實在有聽沒有懂了。

唱片出土了、連母盤錄音都聽得到了，卻難以確知他們在唱些什麼詞，實在是讓人很遺憾的事，找了臺語專家，也找了老一輩聽眾來試著解讀，也沒有太多進展。這類有聲無字的唱片解析，只能仰仗另一種有字無聲的史料來輔助參考，那就是「舊式歌仔冊」。

歌仔冊助攻：解析打老婆歌

漢人社會有個傳統，就是不認為歌唱是門正經的工作，只有茶餘飯後、或是流浪乞討的人隨口唱唱，稱不上藝術，於是稱之為「歌仔」，不成材的讀書人，將口耳傳唱的唱詞記寫下來，集結成冊，就成為「歌仔冊」。

以往舊式的歌仔冊都僅記錄歌詞，密密麻麻的文字，不僅是唱本，也作為大眾閱讀而流通使用，而今文化意識翻轉，傳統唸歌文化被視為無形文化遺產，「舊式歌仔冊」具有臺灣研究文獻的意義，被視為本土口語文化的瑰寶。

有聲無字的唱片，和有字無聲的歌仔冊，看似是平行世界，交叉比較起來其實很有意思。比如前述有唱片錄音的〈打某歌〉和〈跪某歌〉，在廈門會文堂一九二六年印行的歌仔冊《最新打某歌》裡頭，也有同樣的歌名，與唱片錄音並不能完全對上，但是讀過歌仔冊後再來聆聽唱片錄音，還是能夠多辨別一些字詞。

《最新打某歌》內容則是相當標準的七字仔歌詞，全篇共有十一段。前面幾段歌詞：

一　人人嫁尪飯尪子　開阮嫁尪即呆命
　　人人娶某真顧家　恁父娶某真業債。

二　人人打某佐瘦貴　短命打某舉柴搥
　　人人尪某誰人無　短命打某打敕桃。

三　人人尫某誰人無　短命打某打勅桃
　　姿娘不願心歡喜　下神托佛相保庇。

四　保庇丈夫早過世　單身娘子好行宜
　　乾埔內面就聽見　手舉鋤頭活掘死。

為了說明如何解讀，本文引用歌詞是以歌仔冊上的用字為準。上面這四段歌詞中，有好幾句歌詞都得再解釋一下讀音與意義：「飯尪子」（png-ang-kiánn）可寫作「傍翁囝」——倚靠丈夫小孩的意思，「佐瘦貴」即「做瘦氣」（tsò-sán-khuì）指情人間相互消遣、調情的意思，「舉柴搥」就是

〈草津節〉曲盤錄音（引自「臺灣音聲 100 年」）

〈打某歌〉曲盤錄音（引自「臺灣音聲 100 年」）

拿木棍，「敕桃」常寫作「迌迌」（tshit-thô），「姿娘」、「乾埔」就是女性、男性。

通篇歌詞大概是老婆在抱怨，說別人的老公打太太是打情罵俏，我老公打我是拿棍拿棒出手凶狠，所以詛咒老公早點死，這些話被老公聽到了，又討一頓打……

這個講述夫妻激烈衝突的故事，劇情就像當代的鄉土劇一樣精彩，出版時間是在一九二六年，唱片的灌錄算是在這之後。至於唱片中的〈打某歌〉，還有同唱片另一面的〈草津節〉，情節與歌詞顯然都跟歌仔冊《最新打某歌》相關。

唱片〈打某歌〉的旋律，當中間奏是歌仔戲調〈留傘調〉，也許是日本與臺灣本土歌謠揉合而成的歌，〈草津節〉則是用一個日本草津民謠旋律演唱，「草津」是日本溫泉勝地，當地由於泉溫過高，泡湯前得有人合力用長木棍攪拌溫泉池，同力攪拌時合唱的民謠就稱為「草津節」。

兩首歌的演唱是劉清香、汪思明，劉清香也就是後來的流行歌手純純，汪思明是當時知名的「歌仔仙」，兩人一人兩句來往對唱，有種臺灣民間「相褒歌」的興味。

在〈草津節〉的錄音中，可以清晰聽到開頭所唱內容，開頭唱詞如下：

一（女）人人拍某　做瘦氣吶嗨喲　短命拍某舉柴搥
夭壽也　嗨喲嗨喲

二　（男）人人拍某　用嘴吧嗨喲　短命拍某舉扁擔
夭壽也舉扁擔　嗨喲嗨喲……

前引歌詞是七字仔，要套用在〈草津節〉的旋律上唱是沒有辦法的，但實際聽過錄音就能清楚，歌手是運用既有的唱詞自由發揮，部分簡化了，部分再依歌調添加上聲詞，便能唱成一首新歌。

〈草津節〉一曲是與歌仔冊的〈打某歌〉有關，倒是唱片裡的〈打某歌〉卻跟歌仔冊離得更遠一點，唱片許多段落聽不出唱詞，較清楚的一段如下：

（男）人人若拍某　用嘴合啊　夭壽也若拍某　扭頭鬃
丈夫也　拍死欲怎樣

在《最新打某歌》歌仔冊裡，還收錄有一首〈新樣手抄跪某歌〉，是十二段的月令歌形式，也灌錄成唱片〈跪某歌〉，歌仔冊前面幾段歌詞如下：

正月正　跪某真歹命　在房內　引某訛　毋通乎我治塊跪
跪教真歹命　引某訛　訛　臭短命死去
二月春草青　跪某面青青　在房內　引某訛　毋通乎我治塊跪
跪教真歹命　引某訛　訛　臭短命去死
三月人播田　跪某心干難　在房內　引某訛　毋通乎我治塊跪
跪教真歹命　引某訛　訛　臭烏龜汝
四月日頭長　跪某面黃黃　在房內　引某訛　毋通乎我治塊跪
跪教面黃黃　引某訛　訛　死短命去

「跪某歌」這個歌名在日蓄會社出品唱片中也見得到。在古倫美亞唱片目錄中，編號一九〇一九及〇二〇的歌曲就稱作〈跪某歌〉，由「阿快」演唱灌錄，阿快是這時大稻埕知名的藝旦。

拿來跟唱片錄音中的〈跪某歌〉核對，同樣不完全貼合，但前後段落用詞頗有關聯，拿來參考，大概可以了解裡面唱了些什麼。頭兩段歌詞是這樣唱：

大稻埕藝旦阿快寫真（引自《臺灣日日新報》）

正月苦　正月正月　這跪某　因何遮歹命　擱你看覓 擱你心酸
擱俺某喂　毋通互我跪　跪甲遮歹命　擱俺某啊喂
二月苦　二月人佈田　這跪某　因何心艱難　擱你看覓　擱你心酸
擱俺某喂　毋通互我跪　跪甲心艱難　擱俺某啊喂

比對就知道，二月、三月的唱詞對調了，但情節仍是高度相關的，大概可以判斷，唱片錄音是從歌仔冊的〈跪某歌〉發展過來的。

所以說，不論是古倫美亞商標的「草津節／打某歌」（汪思明、劉清香合唱）還是改良鷹標發行的〈跪某歌〉（阿快演唱），雖然難以直接從唱片聽懂歌詞意思，從稍前出版的歌仔冊裡，卻能找到蛛絲馬跡，由字辨音，識別字詞與意境。反過來看，唱片錄音也讓我們得以辨別一些用意不明的字的實際讀音與意義。

這些第一代流行歌的示範表演，讓我們注意到，透過一點唸歌改詞的技巧，既定的故事章本，可以運用當今任何一個社會流行的曲調，編唱成新的一首歌，這是臺灣說唱家的本事，是一種富有彈性、活潑自然的本土音聲文化，說起來跟當代的「嘻哈」概念很類似。

歌仔冊〈最新打某歌〉（引自國立臺灣大學數位典藏館）

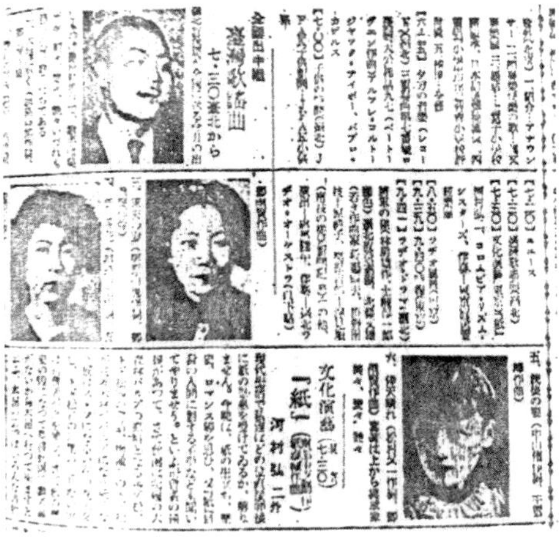

廣播節目報導，寫真由上至下為吳成家、純純、愛愛、豔豔（引自《臺灣日日新報》）

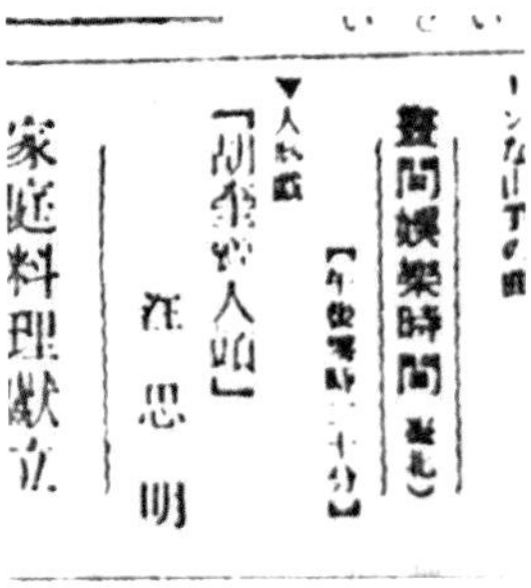

〈打某歌〉歌詞出自歌仔戲曲大師汪思明，演唱劉清香即流行歌手純純。（引自《臺灣日日新報》）

警惕殖民洗腦歌

〈草津節〉的旋律為日本民謠，〈跪某歌〉和〈打某歌〉的歌詞則比較類似詼諧有趣的相褒歌謠，雖然在當時稱為「最新流行」，卻帶有濃厚民謠歌曲的色彩。由於其曲式簡短，輕鬆活潑，這個旋律在當時的臺灣社會上普遍被認為是小孩在唱的兒歌，確實流行了好多年。

日本文豪詩人北原白秋在一九三四年夏天來臺灣訪問，他在《維新》雜誌刊登〈歌謠非常時論〉一文，提到在東海岸牡丹灣的原住民部落（位於今牡丹鄉旭海，居民屬排灣族）遇到好幾天的暴風雨，滯留當地，一天無意間聽到奇特的聲音，原來是日本歌謠〈小原節〉還有〈草津節〉。能在遠程旅途中無意間聽見日本民謠，就好比「他鄉遇故知」，可想像文豪白秋內

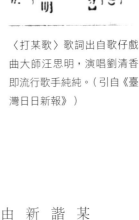

心的興奮。

另外從文獻上可以看到，〈草津節〉這個旋律在臺灣有不少歌詞版本，除了〈打某歌〉，還有人編成〈臺南小唄〉發表在報紙上，泰平唱片公司也發行過一張錄有〈熟蕃小唄蕃歌〉、〈草津節〉的唱片。

作為殖民地，日本的地方民謠傳到臺灣，自然有許多管道，一九三一年元旦《臺灣新民報》上有一篇署名醒民（文學評論家，本名黃周）的文章，對當時的兒童的語言與歌謠情況有些觀察。他記述到：

「……我現在住在臺北，每日在街路上常聽見小孩子們、在唱日本兒歌、然而他們大約是還沒有進過學堂、又他們的父母多是不會教他們的、所以他們大約是聽進過學堂或幼稚園的小朋友、或聽日本兒童所唱的、因此大概音韻錯誤、至其意味當然是毫不了解、簡直是一種鸚鵡式的『伊啊』而已、其所得的感與自然是不多了。」

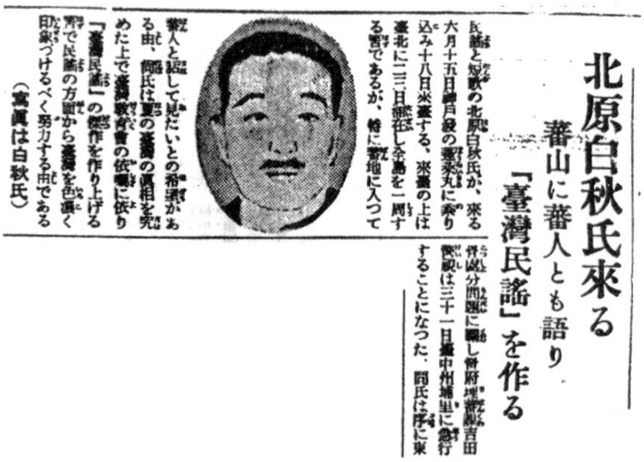
北原白秋氏來る
蕃山に蕃人とも語り
「臺灣民謠」を作る

民謠と短歌の北原白秋氏が、來る六月十五日神戸發の蓬萊丸に乘り込み十八日來臺する、來臺の上は臺北に二三日滯在し全島を一周する筈であるが、特に蕃地に入つて蕃人と語して見たいとの希望がある由、同氏は夏の臺灣の眞相を究めた上で臺灣教育會の依囑に依り「臺灣民謠」の傑作を作り上げる筈で民謠の方面から臺灣を色濃く印象づけるべく努力する由である（寫眞は白秋氏）

行政区分問題に關し督府理蕃課吉田警視は三十一日臺中州埔里に急行することになつた、同氏は序に東

1934年夏，北原白秋訪臺（引自《臺灣日日新報》）

作者對這個社會現象引以為憂，認為臺灣歌謠有式微的危機，應該整理歌謠。他的主張獲得賴和等人的響應，在這之後的文學報章上，出現許多歌謠專欄發表民間詩歌。歌謠整理基本上是鄉土文學運動的一環，可說是基於本土知識青年對「日本洗腦歌」入侵臺灣的憂慮。

古早臺灣人在音樂上或許不求新奇，但天生就喜歡「就曲唱詞」，在既有所知的曲調裡發揮巧思，編造故事，尤其是以特定格律的「七字仔」、「四句連」來自由發揮。當「洗腦神曲」流行時，也就沿用這樣的文化習慣，編詞翻唱，構成流行的有趣聲音風景，知識分子緊張於本土歌謠的流失，但對一般大眾來說，只求一個琅琅上口的調子，愉快的聽歌、聽故事，消遣消遣，其實沒有什麼好失去的。

延伸閱讀

王櫻芬，〈作出臺灣味：日本蓄音器商會臺灣唱片產製策略初探〉，《民俗曲藝》一八二期，二〇一七。
徐登芳，《留聲曲盤中的臺灣—聽見百年美聲與歷史風情》，國立臺灣大學出版中心，二〇二一。
黃裕元，〈誰在這邊唱別人的歌？—從「日曲臺唱」看臺灣流行歌的語文與世代交替〉，《歷史臺灣：國立臺灣歷史博物館館刊》十二，二〇一六。
醒民，〈整理「歌謠」的一個提議〉，《臺灣新民報》一九三一年一月一日。

1933

毛斷相褒

最新流行，陳君玉的把戲

探究翻唱歌曲是一項有趣的作業，同一首曲子，當改編後的歌詞與原曲差異過大，又節拍韻律截然不同時，有時並不容易發現。初聽時覺得耳熟，想了許久、甚至經過了好幾天，才突然想起原曲，那種恍然大悟的感覺，真像頭上「登」的一聲亮起燈泡那樣，直想立刻找人分享。

日本時代有首知名的歌曲〈毛斷相褒〉，就是個很有趣的翻唱案例。

「毛斷」是 Modern 的臺語音譯，1930 年代流行，有摩登、現代之意。那時摩登男孩、女孩最流行舞廳跳舞交際。服務生女給也算是摩登行業，有喫茶店與酒家之分。圖為牡丹 cafe 女給在廣告祭期間花車遊街宣傳。（胡楠／提供）

社會諷刺相褒歌

〈毛斷相褒〉分上、下兩首收錄在一張唱片，出自古倫美亞商標發行編號八〇二四六，約發行於一九三三年。唱片圓標主題註明為「風刺流行歌」，「風刺」是那時的用字，指的是諷刺社會現象的新歌，由陳君玉作詞、作曲，愛卿（誤寫為愛鄉）與省三兩人演唱，特別標示是「洋琴、提琴伴奏」。

歌名的「毛斷」這個詞很有意思，用臺語逐字讀為 môo-tng，就是 Modern——摩登、現代的意思。「相褒」是臺灣普遍的歌唱文化，是用七字仔詞句相互唱答、應和的歌謠。光是歌名就可感覺到，這是張不單純的唱片，呈現一種混搭的風格。錄音聽出，「洋琴」指的是漢樂中敲擊的弦樂器，現今寫作「揚琴」，而「提琴」就是西洋樂器的小提琴。

這張伴奏簡單、歌詞也相當口語化的唱片，如有好的錄音，大致可以靠聽覺來解讀歌詞。臺史博長期營運的「知音分享會」，集結了學者、館員與志工之力，將全數歌詞聽辨出來，解讀全文如下：

〈毛斷相褒〉（上）

一 （男）放蕩查某聽詳細　情操是咱家己的

張持好勢　張持好勢　愛在處女較是千金嫁

放蕩查某啊　放蕩查某啊　愛在處女較是千金嫁

二（女）放蕩查埔聽詳細　家好是咱家己的

毋通毋顧家　毋通毋顧家　艱苦一个某就拍毋（phàng）厝宅

放蕩查埔啊　放蕩查埔啊　艱苦一个某就拍毋厝宅

三（男）放蕩查某詳細聽　愛定就愛照實行

毋通袂膽嚇（tàⁿ-hiaⁿh）　毋通袂膽嚇　腹肚若大你會歹名聲

放蕩查某啊　放蕩查某啊　腹肚若大你會歹名聲

四（女）放蕩查埔詳細聽　恁的愛情也著較有影

毋通亂使行　毋通亂使行　毋通到尾抹（bak）一个烏狗名

放蕩查埔啊　放蕩查埔啊　毋通到尾抹一个烏狗名

〈毛斷相褒〉（下）

一（男）放蕩查某詳細聽　尪婿也是仙緣來註定

親事也愛行　親事也愛行　毋通聽人拐誘綴人行

〈毛斷相褒〉曲盤上集（引自「臺灣音聲 100 年」）

〈毛斷相褒〉曲盤下集（引自「臺灣音聲 100 年」）

放蕩查某啊　放蕩查某啊　毋通聽人拐誘綴人行

二（女）放蕩查埔聽詳細　牽手是咱的結髮夫妻

抑是著愛家　抑是著愛家　毋通愛別人偷提別人的

放蕩查埔啊　放蕩查埔啊　毋通愛別人偷提別人的

三（男）放蕩查某真好交　欲知放蕩今咧哭

該行著正教　該行著正教　毋通到尾仿著老貓頭

放蕩查某啊　放蕩查某啊　毋通到尾仿著老貓頭

四（女）放蕩查埔成好毒（thâu）　放蕩此層何時即會了

咱就想回頭　咱就想回頭　毋通等到老反悔像戇猴

放蕩查埔啊　放蕩查埔啊　毋通等到老反悔像戇猴

先註明一點，歌詞中多處出現的「放蕩」，如果寫作是「荒唐」，跟前後詞句也是能通。

這八段男女交叉對唱的歌，在於告誡放蕩或荒唐的男男女女，不要太過貪玩不知自愛，做人相處要正經，女性要保持處女之身，婚前懷孕會敗壞名聲，男性要顧家不要被拐走，免得老來後悔莫及。

翻唱，陳君玉的把戲

之所以會有〈毛斷相褒〉這首歌，詞曲作者陳君玉曾就他投入流行歌製作的經歷有較完整的紀錄。他說，古倫美亞的日本人專務，也就是臺灣業務代表人佰野正次郎，還有臺灣人經理黃韻柯，很早就募集詞曲作品製作新歌唱片，開始是委託舊詩人，但徵得的作品艱澀難懂，於是也徵詢年輕作家，要求不要寫得深奧、愈白話愈好。陳君玉原先是在印刷廠當揀字工，早先就受邀投稿，一段時間去中國謀生，回來時正好〈桃花泣血記〉紅了，他寫詞投稿古倫美亞，不但受採用更獲聘主持文藝部，組建第一個本土流行歌製作團隊。

〈毛斷相褒〉是陳君玉製作成唱片的第一首歌，下一號就是他的另一首代表作〈跳舞時代〉。所以說，他的作品開始就向準了自由活潑的新社會風氣，而且詞句直白毫不修飾，後來他也在博友樂、泰平、勝利、日東發表許多歌詞，是當時流行歌壇的核心人物。

陳君玉基本上是一位作詞者，也寫許多新詩發表，但微妙的是，他的首發作品〈毛斷相褒〉卻也是他唯一的作曲作品。原來這首歌並非他的原創作曲，是翻唱而來的，經過線索搜查得知，原曲是中國北方的古調，後來傳唱成一首學堂歌曲——叫〈美哉中華〉。

美哉美哉　中華民國　太平洋濱　亞細亞陸

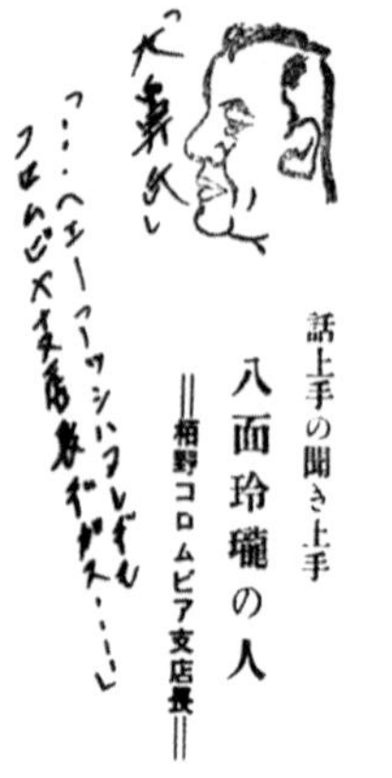
話上手の聞き上手
八面玲瓏の人
＝栢野コロムビア支店長＝

古倫美亞唱片臺灣業務代表人佰野正次郎，被譽為是八面玲瓏之人。（引自國立臺灣圖書館）

大江盤旋　高山起伏　萬千寶藏　庶物富足
奮發有為　前途多福　美哉美哉　中華民國。

當我想起這首歌的第一句歌詞，並在網路上查詢到影片時，實在大感震撼。再進一步查詢得知，這首歌來歷頗遠，是中國上海一位音樂教育家沈心工在民國建立之初發表的一首「學堂樂歌」，據說是受到辛亥革命的刺激而創作的，曲的來源則說法不一，有說是朱雲望作曲，普遍認為是來自華北的俗曲「八段錦」。

〈美哉中華〉在二戰之後也被中華民國帶到臺灣來，收錄在國小的音樂課本裡，解嚴後仍曾製作成政令宣導影片，在兩岸情勢緊張時用以宣揚政府的正統性，於是作為受過中華民國愛國歌曲教育的六年級生的我，聽到〈毛斷相褒〉就覺得耳熟，百般思量，想起「美哉美哉　中華民國」這句詞，這才逮到陳君玉當年玩的這個把戲。

參考陳君玉確實有去過中國的經歷，或許他是在

勝利唱片公司出品之「一圓一枚」唱片廣告（引自《臺灣日日新報》）

中國聽得這個曲調，編寫了截然不同主題的歌詞，而有臺灣版的〈毛斷相褒〉。

讓陳君玉始料未及的是，在〈毛斷相褒〉發表後十多年，臺灣變成中華民國的領土，原版的愛國歌曲〈美哉中華〉來到臺灣普遍傳唱。這時聽過和唱過〈毛斷相褒〉的臺灣人，大概會噗哧一笑，也許有點尷尬，或是有「啊！這首我會」那樣的熟悉感。

就我而言，說來就更複雜了，當代的曲盤文物對我們來說，就像是埋藏九十年的時空膠囊，小時候聽過、許久未聆聽的愛國歌曲竟然出現在其中，實有種「他鄉遇故知」的奇妙感受。〈毛斷相褒〉的重新出土，帶動我重新聽到、再度想起〈美哉中華〉：原以為聽到的是九十年前的陳君玉，竟一躍跳進三十年前讀小學時期的我，追著歌曲故事線索又跳到一百多年前的上海，再繞回陳君玉與這首歌的接觸……

不經意開始的聽覺探索，喚醒一連串的時空跨越，人的聲音記憶展開後，交疊錯置，竟能如此複雜而奇幻，實在讓人始料未及。

1933

跳舞時代

不只古倫美亞，第一代創作歌曲

臺灣的一九三〇年代，是個崇尚藝術、追求開創性的年代。隨著電臺、電影、曲盤留聲機等有聲媒體的出現，新語音訊息、音樂演奏、歌曲演唱、舊戲劇，都能突破時空的限制，傳達給不特定的對象，加上報章、雜誌等書面媒體的煽風點火，社會訊息和情感流動益見頻繁，掀起一波波的流行話題。這當中，「流行歌」串接了電影、廣播，常反映社會時事，觸動大眾情感，扮演文化內容樞紐的角色。

摩登時代流行舞廳跳舞，伴舞女郎也列入摩登女性之一。（引自《臺灣日日新報》）

這時需要的歌，要曲式短、詞句直接扼要，要能盡快講出一個故事、抒發情感，吸引聽者的注意力。開始是採用「七字仔」款式的白話歌詩，內容多是新奇的都會青年愛情故事，而後漸漸突破格律，流行起長短不一的自由體歌詞，闡述各色各樣的生活情調。

有首歌叫「跳舞時代」，另外還一首歌叫「速度時代」，歌名就表現出要標誌一個時代的企圖。歌者要造型新潮有明星風采，歌聲唱腔卻要平易近人讓一般人能聽懂，樂器得兼顧新舊品味，西洋管樂器參雜木魚做節拍，鑼鼓搭上小提琴也可以試試。新曲層出不窮，以既有的音樂品味為基礎，運用外來的文化元素，開創了一片新天地。

古倫美亞管絃樂團合影（徐登芳／提供）

古倫美亞的來歷

「古倫美亞」是創造臺灣第一代流行歌的核心關鍵詞，它在臺灣開始並不是一家公司，而是個唱片商標，其背後是「日本蓄音器商會」，常簡稱為「日蓄」。

日蓄很早就在臺灣駐點營運，一九一四年曾發行一批臺灣音樂唱片，以「老鷹」作為商標，一九二六年前後陸續整併許多公司，於是發行「駱駝」、「飛機」等不同款式的商標唱片，經營歌仔戲、藝旦小曲、八音、說唱歌仔、客家採茶戲等唱片。另外又因年引進了美國哥倫比亞唱片公司的技術與資金，日蓄自一九二九年開始使用「古倫美亞」（Clumbia 的臺灣音譯）二連音符商標，成為高級曲盤的代表。一九三三年之後推出利家（Regal）廠牌唱片。

一九三三年是流行歌曲史上特別值得紀念的一年。當時製作新創流行歌的廠牌，並不只

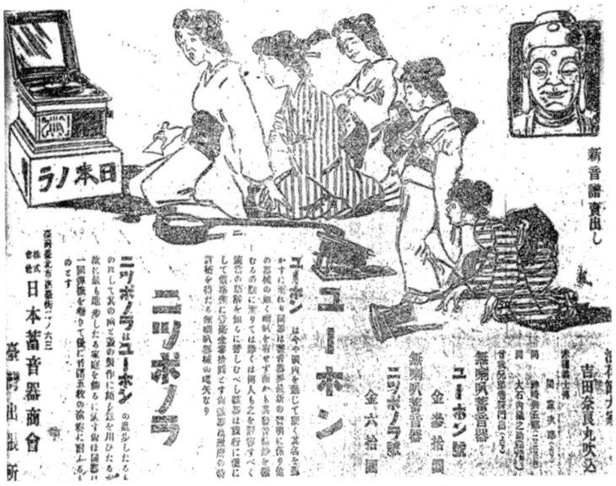

日本蓄音器商會，常簡稱為「日蓄」，日治初期即進入臺灣臺北駐點營運。（引自《臺灣日日新報》）

日蓄販賣蓄音器的廣告，最初以大佛為商標。（引自《臺灣日日新報》）

有古倫美亞，還有泰平、文聲、奧稽、博友樂等公司，各自發展創作團隊。比如作曲家鄧雨賢，早期是在文聲作曲，因歌曲受矚目才獲邀加入古倫美亞文藝部，周添旺在進古倫美亞之前，是在一家叫「奧稽」（Okeh）的本土唱片公司。當時幾家唱片公司都注意到流行歌市場，只是日蓄資金較粗、規模較大，後發而先至，一連串經典歌曲發表，成為臺灣流行歌第一品牌。

創作新曲黃金年代

一九三三年十一月十八日，日蓄在臺北城內舉辦的一場唱片宣傳遊行活動，大力宣

廣告祭花車遊街，古倫美亞也重裝上陣。（胡楠／提供）

鄧雨賢作曲〈大稻埕行進曲〉曲盤錄音（引自「臺灣音聲 100 年」）

傳〈紅鶯之鳴〉和〈跳舞時代〉兩首歌，分別是專屬新人歌手林氏好、純純演唱。報導指出，這是「臺灣譜」前所未有的、所謂「本格的流行唄」（真正的流行歌）宣傳賣出的唱片。

根據錄音資料統計，就從這張唱片開始，到一九四〇年之間為止，日蓄商會錄音發行的所謂「新譜」流行歌曲，大約有二百五十首，主要是用古倫美亞商標發行，也有以「利家」商標發行，平均每年出品歌曲約卅五首，平均每個月推出二到三首歌到市面上。

同期間稍具規模的唱片公司幾乎也都有製作流行歌，據唱片蒐藏家的統計，日蓄之外的流行歌唱片至少也有兩百多首，也就是說，這七、八年間臺灣流行新歌大概有五百首以上。

一九九四年有位李雲騰老先生，將他與太太記憶所及的日本時代流行歌編寫成書，總共蒐集了一〇一首。經歷六十年，他倆能記得當時總體歌曲的五分之一，算是非常厲害的了。

第一代創作者的特性

要理解這時代流行歌的特色，大概可以從詞曲創作者下手。

〈紅鶯之鳴〉曲盤錄音（引自國立臺灣大學數位典藏館）

〈跳舞時代〉曲盤錄音（引自開放博物館）

就歌詞來說，假如以一九三二年為準，陳君玉廿八歲，李臨秋、周添旺、趙櫪馬、蔡德音都是二十歲出頭，稍晚加入歌壇卻後來居上的陳達儒這時才十六歲。也就是說，幾乎是屬於年輕男性的天下。

在身分背景上，作為主力的作詞家，都是在臺北近郊的大稻埕、萬華等福佬人聚落成長，沒有海外留學的經驗，學歷不算顯赫，分別是由漢學堂、自力學習或藉著工作經驗，因緣際會地接觸漢文。

於是，當時臺語流行歌基本上是緊貼著「俗文學」而發展。當中曾有一家泰平唱片，匯集了許多青年文學家參與創作，卻沒能有暢銷作品，新文藝意味濃厚的作品，似乎無法吸引人氣。

與作詞界相比，作曲界人的生平背景就複雜多元許多。流行歌發達初期的幾位主力作曲家：鄧雨賢曾當公學校老師，曾赴日本自學歌謠作曲，王雲峰是學軍樂而入門，在戲院組管絃樂伴奏，蘇桐、陳秋霖是歌仔戲後場音樂高手，姚讚福曾是傳教

鄧雨賢簽名照，「YouKen」是名字的日文漢字音讀。（鄧泰超／提供）

士，投入唱片業後向歌仔戲等潛心學習。

從前述作曲人才的大雜燴現象，可想見當時音樂的多元豐富的樣態。單就「旋律之王」鄧雨賢來看，他發表作曲數量最多、傳世普及也最廣，能作出像學校唱歌的歌曲，也能模仿歌仔、北管、八音的抑揚頓挫，還能運用日本小調，或很像原住民音樂的調性，活用各種音階曲式，創作出貼近於社會既有音樂品味的曲風，不僅在當時廣泛流行，也經得起時代汰洗，他作曲的訣竅，至今還是值得咱深入的鑽研與學習。

延伸閱讀

李雲騰，《臺語創作歌謠集一〇一首：最早期（日據時代）》，自編印，一九九四。
林良哲，《臺灣流行歌：日本時代誌》，白象文化，二〇一五。
洪芳怡，《曲盤開出一蕊花：戰前臺灣流行音樂讀本》，遠流出版社，二〇二〇。
陳婉菱，《詞曲之外：奧山貞吉與日治時期臺灣流行歌編曲》，五南，二〇一九。
黃裕元，《流風餘韻：唱片流行歌曲開臺史》，國立臺灣歷史博物館，二〇一四。

1934

無醉不歸

醉茫茫，酒促歌謠裡的正經心情

小吃餐廳林立的街頭，常見腰身畢現的正妹盤旋桌間，跟客人哈拉聊天；或酒店中的酒女、侍應生，勸酒客開瓶乾杯。溫言軟語總能鼓動酒國英雄英雌披掛上陣，於是有酒促小姐、也有酒促牛郎。其實臺灣史上特別多「酒促歌謠」，這些歌詞看似狂亂無章、曲風怪誕，卻可聽到臺灣人的社會交誼與深層其內的歷史心性。

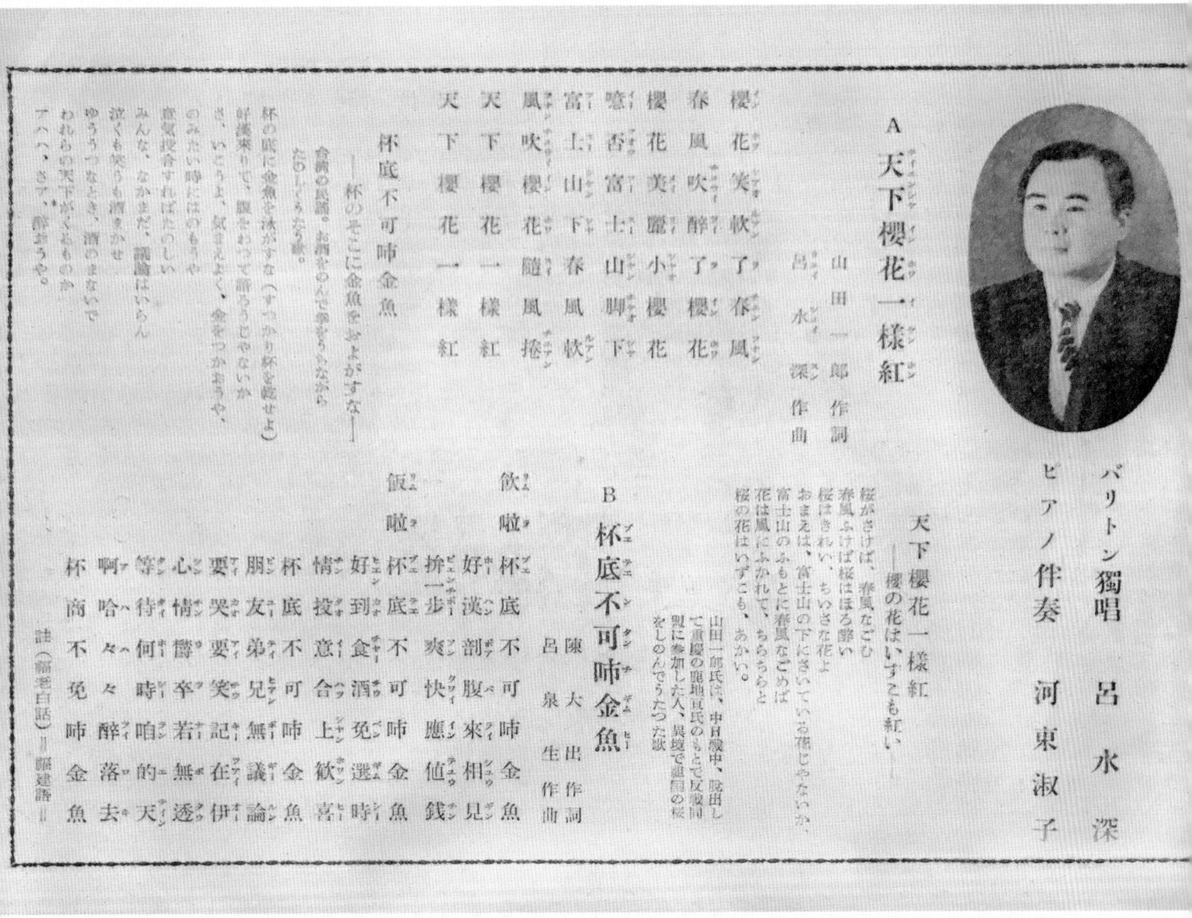
パリトン獨唱 呂水深
ピアノ伴奏 河東淑子

A 天下櫻花一樣紅
山田一郎作詞
呂水深作曲

櫻花笑軟了春風
春風吹醉了櫻花
櫻花美麗小櫻花
噫香富士山脚下
富士山下春風軟
風吹櫻花隨風捲
天下櫻花一樣紅
天下櫻花一樣紅

天下櫻花一樣紅
——櫻の花はいずこも紅い——
桜がさけば、春風なごむ
春風ふけば桜はほろ酔い
桜はきれい、ちいさな花よ
おまえは、富士山の下にさいている花じゃないか、
富士山のふもとに春風なごめば
花は風にふかれて、ちらちらと
桜の花はいずこも、あかい。

山田一郎氏は、中日戦中、脱出して重慶の鹿地亘氏のもとで反戦同盟に参加した人、異境で祖国の桜をしのんでうたつた歌

B 杯底不可呴金魚
陳大出作詞
呂泉生作曲

飲啦
杯底不可呴金魚
好漢剖腹來相見
拚一步爽快應値錢
飯啦
杯底不可呴金魚
好到食酒免選時
情投意合上歡喜
杯底不可呴金魚
朋友弟兄無議論
要哭要笑記在伊
心情鬱卒若無透
等待何時咱的天
啊哈々々醉落去
杯商不免呴金魚

註（福老白話）＝福建語＝

杯底不可呴金魚
——杯のそこに金魚をおよがすな——
台湾の民謡。お酒をのんで拳をうちながらたのしくうたう歌。
杯の底に金魚を泳がすな（すっかり杯を乾せよ）
好漢来りて、腹をわって語ろうじゃないか
さ、いこうよ、気まえよく、金をつかおうや、
のみたい時にはのもうや
意気投合すればたのしい
みんな、なかまだ、議論はいらん
泣くも笑うも酒まかせ
ゆううつなとき、酒のまないで
われらの天下がくるものか
アハヘ、さア、酔おうや。

1950 年代在日本演出的節目單，揭露〈杯底不可飼金魚〉作詞者是陳大禹（刊印為陳大出）。（潘啟明／提供）

詞人李臨秋

歷代作詞名家有幾位特別愛寫酒、也愛喝酒，只是寫酒的方法姿態隨時代大不同。歌壇崛起的首位明星作詞家——李臨秋，堪稱其中代表。

李臨秋踏入歌壇是因為在大稻埕永樂座當會計，之前則任職高砂麥酒，可說是「掛著酒牌」出仕的。他與酒有關的逸事特別多，總說寫歌是為了賺「燒酒錢」，有次好友同聚沒帶錢，找張紙隨手寫首詞，拿給唱片公司會計換了二十元去喝酒。雖然手筆值錢，只要擺桌酒菜請他，酒酣耳熱，也可以免費寫詞相送。他開瓶時最愛講：「朋友較要緊，錢擱趁就有」，體現李白〈將進酒〉「千金散盡還復來」的瀟灑氣質。

李臨秋不到二十五歲就成名，愛酒事蹟比他的酒歌還早馳名於世。一九三四年〈望春風〉大賣，有位好事作家用筆名「毓」（疑是筆名毓文、當時擔任記者的廖漢臣）寫下〈詞人李臨秋〉，指名道姓卻又奇想式的文體，爆料李愛喝酒，並揶揄他筆下直率的男女互動。

該文大意說：李臨秋前一年因〈倡門賢母〉、〈懺悔〉風靡全臺，電影公司老闆在江山樓擺席答謝，用市役所專賣的鐵罐麥酒灌得他東倒西歪、酩酊大醉。離開酒樓走在路上，李臨秋聽見嘹亮歌聲隨晚風輕拂吹來，急回頭看，呆立多時，於是吟起「紅粉的查某嬰，孤單行過阮身邊……」（〈蝴蝶夢〉歌詞），不料少女也對唱「思欲郎君做尪婿，意愛在心內……」（〈望春風〉歌詞），知對方有意、於是放膽步近……怎知突然跳出一隻黑狗，嚇得他翻身奔走，黑狗遠吠著，直像在罵他「怪紳士行錯路，擔沙填海無法度……」（〈怪紳士〉歌詞），

昭和十二年七月一日　臺灣公論　第二卷第七號　(21)

第一回作品　コロムビア主題歌　望春風　超特作全發聲

寫眞は主演彭楷棟陳氏寶珠

本島最初の大衆映畫であり舊弊打破・內臺
融和教化映畫の第一頁を飾るこの大映畫七
月下旬愈々完成島都城內某館に於いて封切
近し!!乞御期待!!封切後全島各地配給開始

七月一日より當館は他館に先んじて臺灣語解說を全廢館內國語常用

主演　彭楷棟（撞球の名手）　陳氏寶珠（美貌才媛）　陳氏玉叔（女學校出身）

共演　林氏玉梅　鄭龍整　陳金城　陳氏秋蓮　周氏賓　陳氏香

特出　李天來

別演　蔡槐墀

寫眞は第一映畫製作所幹部連　中央吳錫洋所長

七月一日より第一劇場は「望春風」製作記念特別大公開

テンプルの燈臺守・戰國群盜傳・良人の貞操・平原兒・陸續大公開

臺灣第一映畫製作所

〈望春風〉唱紅後，還改編成同名電影。（引自國立臺灣圖書館）

回家後索然無味，胡做一場夢，醒來竟覺失戀……

據說李臨秋常跟永樂座的音樂家王雲峰喝酒，討論詞曲協調，酒中作樂。倆酒友一詞一曲，一九三五年古倫美亞發行的〈無醉不歸〉具現他們的喝酒情景，歌詞如下：

一

酒味鼻著真正香　酒味鼻著真正香

鼻著骨頭齊輕鬆　害阮世事攏齊放　干焦會曉顧這項

呵哈哈　呵哈哈　毋免驚怕面會紅　大家相招飲乎伊茫

呵哈哈　呵哈哈　呵哈哈哈哈哈哈

二

宛然親像水道水　宛然親像水道水

將瓶揞來鬥在嘴　頷頸（ām-kún）伸直無停息　今宿無醉是不歸

呵哈哈　呵哈哈　戶碇若無扛轉位　若無踢着半天飛

呵哈哈　呵哈哈　呵哈哈哈哈哈哈

配樂活潑輕鬆，頭尾間奏穿插美國名曲〈Turkey in the straw〉，主旋律說來也跟這首民謠有點類似。歌詞相當奇特，喝酒像喝白開水、酒瓶

〈無醉不歸〉曲盤錄音（引自「臺灣音聲 100 年」）

拿來直接灌，叫人拿走「戶碇」——門檻不然踢飛出去，表現喝酒人的豪邁與膨風。直白不失雕琢，基本上就是李臨秋的自我書寫。

〈無醉不歸〉在曲盤裡躲了八十多年，直到被擅長古怪唸歌的歌手朱約信（豬頭皮）發現，一九九九年改編翻唱再度被大家聽到，成為明明很老派卻讓人大感新奇的酒促歌。

快哉快齋酒助興

許多人刻板印象以為臺語歌往往走悲情路線，酒國歌謠多半是哀傷苦悶居多，其實李臨秋這種暢快飲酒的「詞仙」並非特例，近年發掘的日治時期曲盤中還有許多歡樂的飲酒歌，相對來說獨自喝酒哀傷寂寞的歌還比較少。

音樂家張福興在勝利唱片公司發表自唱的〈清閒快樂〉，是醫生歌人林清月作詞、王雲峰作曲，帶有傳統漢人娛樂風尚：

花當開百百種　風吹香味入房間　飲酒來助興　作詩來傳情
雙人對飲對吟似仙景　哈哈哈　心肝加倍輕　快哉　醉酒看月伴花明

〈清閒快樂〉曲盤錄音（引自「臺灣音聲 100 年」）

〈大家來吃酒〉曲盤錄音（引自「臺灣音聲 100 年」）

筆名快齋的邱創忠先生與同僚同桌喝酒（邱顯博／提供）

這曲顯得清新文雅，演唱的張福興與女高音柯明珠都是音樂家，唱來高亢優雅。林清月還有一曲〈戴酒桶〉不亞於李詞的粗曠豪爽：「有錢毋通尚過儉　傢伙勿臭免漬鹽　酒來飲　歌來唸　消愁樂暢　少許開用無人嫌」闡述存錢沒有意義，寧可「旋花街、戴酒桶」當花天酒地的酒鬼，也不要當守財奴過著如長工的生活。

同一時期泰平唱片還有首〈大家來吃酒〉，文學家趙櫪馬作詞、作曲署名快齋，開頭唱：「來來　來來大家食酒　食酒來唱歌　管伊啥物煩惱來……」是具有西洋風格的新創飲酒歌。

快齋原本生平不詳，近年由於曲盤的發掘，後人出面提供才知「快齋」本名邱創忠，是臺北師範畢業的高材生，在公學校任教幾年，因愛護臺灣人的日籍校長被迫請辭而隨之辭職，踏入歌壇發表歌曲，後從商投資酒業擔任宣傳工作，招募一批俊男美女成立歌舞團巡迴擔任「酒促」，好似一段杯觥交錯的歡樂時光。戰後邱創忠回返校園，以國民學校校長退休。

從李臨秋、清月仙的「快哉」到喝酒校長邱創忠的

「快齋」，還有一旁拉琴助陣的王雲峰，這些失傳曲盤歌謠如老酒愈陳愈香，呈現早年臺灣人濃郁芬芳的交際風情。

杯底怎樣飼金魚

臺灣知名的飲酒歌普遍最有印象的莫過於〈杯底毋通飼金魚〉：「啉啦！杯底毋通飼金魚　好漢剖腹來相見　拚一步　爽快嘛值錢……」杯裡不可養金魚，就是「乎乾、互焦（ho—ta）」，乾杯的意思。

呂泉生把口語的勸酒詞順著臺語韻律在音階上稍作調整，緊貼著歌詞配上曲譜，把朋友間「情投意合尚歡喜」的飲酒風格轉變成跳動的節奏，顯出爽朗粗獷的氣質。

歌詞表面上是朋友相聚大聲勸酒，後面卻突來一句「心情鬱卒若無透，等待何時咱的天」，吐露出詭譎的時代氣氛。

日治時期勸酒的啤酒廣告（引自《臺灣日日新報》）

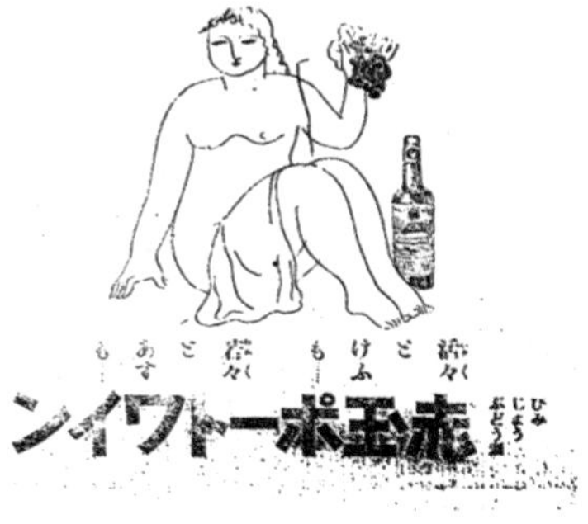

日治時期赤玉葡萄酒廣告，圖中的裸女插畫也算平面式圖像的酒促小姐。（引自《臺灣日日新報》）

這些年我們才知道，〈杯底毋通飼金魚〉作詞人是福建漳州的劇作家陳大禹。陳在一九四六年渡臺投入劇場活動，曾把二二八事件搬上舞臺發表劇作《香蕉香》。〈杯底毋通飼金魚〉在一九四九年四月十八日由呂泉生本人演唱、於臺北中山堂發表，不料「四六事件」後，警備總司令部大舉逮捕左派學生，似與中共地下黨有關的陳大禹恐怕被捕，潛離臺灣，於是此曲在臺灣僅登載呂泉生作，呂終其一生也絕口不談陳大禹。直到二〇二二年八月，由於早期海外演出節目單的證實，呂泉生後代發表聲明將詞作權利歸還陳大禹，成為歌謠著作權史上的一段佳話，也揭露背後的白色恐怖故事。

當年陳大禹與呂泉生兩位酒友，感嘆二二八事件後嚴重的省籍對立，一詞一曲，把團結社會的心情投注在這首喝酒歌當中，對臺灣社會發展歷程來說實在寓意深遠，只是歌流傳、人卻難再聚。

酒後的心聲

呂泉生另有一首合唱作品〈農村酒歌〉是以「三伯英臺」的歌仔戲調改編：「眾仙會合見面三杯酒　少年面紅老的底燃嘴鬚……」歌詞男女對唱，愛喝酒的男人外還外加一個咒罵酒鬼的女聲：「歹運碰著你這夭壽　僥倖欲死　食遮濟酒……你若返去　就去撞大樹……」算是更活潑寫實的鄉村版飲酒歌。

戰後初期流傳的酒促歌，還有一首爽朗有趣的〈煙酒歌〉。由陳達儒作詞、蘇桐作曲，裡面介紹了當時「樂園牌」、「香蕉牌」香煙，以及「芬芳酒」、「紅露酒」，強調喝酒能壯膽、助氣。語意說理娓娓道來，有點像廣告歌，是首認真促銷的酒歌。

一九七〇年左右，又有一首新潮的勸酒歌〈合欲好合欲爽〉大流行：「咱若是心頭結歸球，就來飲酒溼（sip）一下溼一下外好你甘知……」，這首歌後來改編成布袋戲角色「醉彌勒」出場曲，一句「外好你甘知」成為當時的流行詞。根據唱片情報，這首歌是出自臺東的原住民喝酒歌〈愛愛乾杯〉，是當地原創的日語歌曲——嚴格說來是原住民風格的日本話，作曲的陳清文是個鼓手，據說是採編來的，經過呂金守改編成臺語歌，而紅遍全臺灣。

酒喝到一九八〇年代之後，似乎越來越「不爽」了，即使有勸酒歌，也多帶點陰鬱、猶疑的氣氛。陳一郎〈爽快乾一杯〉：「為什麼你毋講坦白　干擔流目屎聲聲講再會……」葉啟田〈乾一杯〉：「既然你我相會　何必講出客氣話　趁著今夜作伙　燒酒擱再乾一杯……」，謝雷〈酒國英雄〉：「明知自己無酒量，偏偏飲甲這呢雄……」

酒場氣氛的改變，是飲酒習慣有所不同，也反映臺灣人交際往來之間心情上的峰迴路轉，唱起這些酒歌，每個人都有自己說不完的心事。

延伸閱讀

邱坤良，《漂流萬里：陳大禹》，文化部，二〇〇六。
曹桂萍，〈李臨秋臺語歌詩作品整理、考訂與探析〉，國立成功大學臺灣文學系碩士論文，二〇一七。
黃信彰，《李臨秋與望春風的年代》，臺北市政府文化局，二〇〇九。

1934

藝術家的希望

蜜司臺灣，臺灣小姐選拔記

說到「選美」，年紀稍長者肯定都對「中國小姐」這個名號印象深刻。一九六〇年至六四年間臺灣曾舉辦四屆「中國小姐選拔」，掀起大眾媒體瘋狂報導，獲選佳麗成為社會焦點，當中又以後來嫁給連戰的「方瑀」，最普為人知。一九八八年之後，又有幾次大規模選美活動，依地區、活動有不同名號，百家爭鳴，當時仍常以「中國小姐」統稱，後來漸漸不這麼說了。為了「選美」煞有其事舉辦競賽的事跡，在日本時代就曾發生，那時就稱作「臺灣小姐」——日文寫作「ミス臺灣」（Miss Taiwan），又可寫成「蜜司臺灣」。

臺灣小姐選拔活動新聞報導與會場照片（引自《臺灣日日新報》）

臺灣小姐選拔

一九三四年六月十三日的《臺灣日日新報》，刊登一件新奇的活動消息：「日映トーキー班」公開招募美女選拔「ミス臺灣！」一連三天在臺北西門街口的臺灣日日新報總部（今中華路、衡陽路交叉口附近）三樓辦公室接受現場報名。

所謂「日映トーキー班」，簡言之就是當年一個具國策任務的「有聲攝影團隊」，全稱為「日本映畫劇場企畫部」。該團隊獲臺灣總督府補助，來臺拍攝臺灣軍實況，同時也拍攝一些風土民情，規畫製作介紹臺灣風光的影片。一行十一人，主要有導演、技師、助手，隨行還有日本演員澤田愛子、明石止彌等，他們除攝影機更攜帶三部錄音機，當年有聲電影設備坊間稱為「トーキー」，取自外來語 talkie ——指影片會說話的意思，於是就被稱為「日映トーキー班」。

1934 年來臺的攝影班（引自《臺灣日日新報》）

「日映トーキー班」在臺灣的行程相當高調，自神戶出港就有新聞報導，這場「臺灣小姐」選拔規模不大，但公開募集、挑選美女參與演出，最是大力宣傳。

募集新聞特別提到，獲選者不一定要有電影拍攝的經驗，除美貌外，特別要擁有好聽的聲音。累積三天參加者共二十多人，全部面談過後，審查員再與入圍者分別討論，結果出爐：來自臺北的「吉川榮美子」，及來自臺南的「黃氏鳳」，分別給予臺灣小姐「內地代表」與「臺灣代表」的稱號，並額外給予參賽者李氏彩鳳「特別出演」的頭銜。在報導裡特別提到，李氏彩鳳表現相當突出，但因為已婚不能給予「Miss」的頭銜，而額外加開名銜。

兩位獲「臺灣小姐」頭銜的美女，吉川榮美子是森永製菓在臺專務的千金，前一年剛從臺北第一高女畢業，身高五尺二寸五分（估計約一百五十八公分），報導提到她對於當選感到相

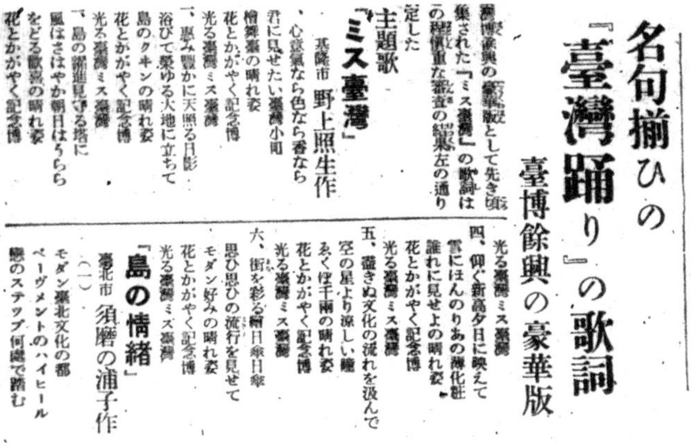

名句揃ひの『臺灣踊り』の歌詞
臺博餘興の豪華版

臺博餘興の豪華版として先き頃募集された『ミス臺灣』の歌詞はこの程慎重な審査の結果左の通り決定した

主題歌
『ミス臺灣』
基隆市 野上照生作

一、心意氣なら色なら香なら
君に見せたい臺灣小町
檜舞臺の晴れ姿
花とかがやく記念博
光る臺灣ミス臺灣

二、惠み豐かに天照る日影
浴びて榮ゆる大地に立ちて
島のクキンの晴れ姿
花とかがやく記念博
光る臺灣ミス臺灣

三、島の躍進見守る塔に
鳳はさはやか朝日はうらら
をどる歡喜の晴れ姿
花とかがやく記念博
光る臺灣ミス臺灣

四、仰ぐ新高夕日に映えて
雪にほんのりあの薄化粧
誰れに見せよの晴れ姿
花とかがやく記念博
光る臺灣ミス臺灣

五、盡きぬ文化の流れを汲んで
空の星より涼しい瞳
ゑくぼ千兩の晴れ姿
花とかがやく記念博
光る臺灣ミス臺灣

六、街を彩る繪日傘日傘
思ひ思ひの流行を見せて
モダン好みの晴れ姿
花とかがやく記念博
光る臺灣ミス臺灣

『島の情緒』
臺北市 須磨の浦子作
（一）
モダン臺北文化の都
ペーヴメントのハイヒール
戀のステップ何處で踏む

蜜司臺灣主題歌選拔（引自《臺灣日日新報》）

當意外。至於黃氏鳳是臺南人，身高五尺一寸五分（約一百五十五公分），長相甜美溫和，特別稱讚她「不愧可作為美女來源地的臺南的代表」。報上還隨文刊登甄選會現場與四位美女的合照：日本美女都穿和服，演員澤田愛子最嬌小、笑得最開朗，吉川面貌稍稍模糊些，李氏彩鳳顯得落落大方，表情有戲相當搶眼，右側的黃氏鳳抿嘴看著鏡頭，略顯內向靦腆。

這場選拔過後，攝影團隊分三班由臺北出發，黃氏鳳隨同第一班出差拍攝，延著東海岸拍攝宜蘭、花蓮、臺東到鵝鑾鼻，第二班延著西部縱貫線到高雄，再搭驅逐艦前往澎湖，第三班則留在臺北拍攝始政紀念日等儀典活動，最後集合再進行部隊演習的拍攝作業。

這次的拍攝計畫，相當程度懷抱著日人對臺灣人文風情的好奇心。自日本統治臺灣以來，日本人就喜歡在博覽會、商展活動裡安排「臺灣小姐」當服務生，特別會開設「喫茶店」陪客人喝茶，烏龍茶、紅茶更常使用「臺灣美人」當作宣傳海報主角。這場臺灣小姐選拔，稱不上正式而嚴謹的選美，但透過公開徵選產生影片代言人，噱頭十足，當時確實掀起不小話題。

雪梅思君

沒有舞臺、沒有后冠，報紙上的黑白印刷照看起來也曖昧不明，但幸運的是，當年「日映トーキー班」拍攝的影音同步影片膠卷竟留了下來。

二〇〇三年，收藏界出現一批膠卷，後由臺灣歷史博物館收藏，這批影片的其中幾卷，在二〇一八年發賣為復刻版DVD，片名稱為《全臺灣》。當中最驚為天人的一段，是兩位女子身著連身長衫，碰肩坐在椰子樹下，相互搭肩拉著手，大聲合唱〈雪梅思君〉。她倆，顯然就是李氏彩鳳與黃氏鳳。

〈雪梅思君〉是當時在臺灣最具代表性的歌曲，這首歌從中國廈門傳來，特別盛行於藝旦界，由大稻埕知名藝旦幼良灌錄唱片，以西洋音樂伴奏，大為流行。雖是民謠歌曲，卻打開臺灣的歌曲唱片市場，歌壇核心人物陳君玉在回憶中說，〈雪梅思君〉堪稱臺灣第一首全臺流行的歌曲。

〈雪梅思君〉的歌詞內容共十五大段，講述一年十二個月裡一

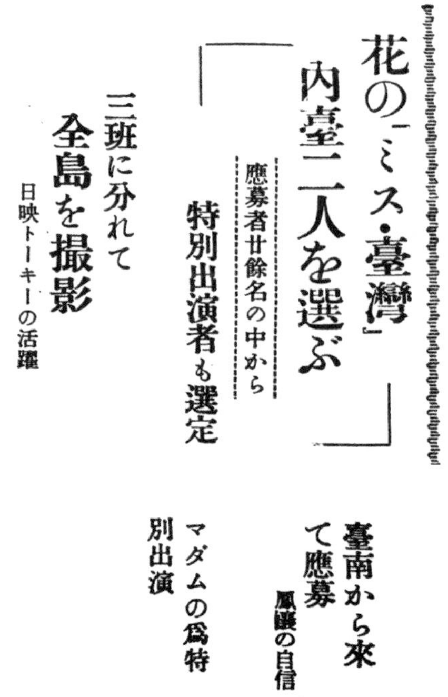
花の「ミス・臺灣」
內臺二人を選ぶ
應募者廿餘名の中から
特別出演者も選定
三班に分れて
全島を撮影
日映トーキーの活躍
臺南から來て應募
鳳嬢の自信
マダムの爲特別出演

花之蜜司臺灣選拔的新聞（引自《臺灣日日新報》）

〈雪梅思君（一）〉曲盤錄音（引自「臺灣音聲 100 年」）

臺灣本土唱片品牌博友樂塑造的神祕歌手「博友樂娘」（徐登芳／提供）

歌姬幼良曾灌錄〈雪梅思君〉唱片（引自《台灣日日新報》）

位守寡女性的心情，表現深刻的哀怨、忠貞與執著感情，稱許她是值得世間女性學習的榜樣。

相對於剛起步的流行歌，這類有故事、有戲劇感的「小曲」更是年輕人愛唱的歌謠。兩位臺灣女性唱出這首歌，留下臺灣至今能找到、唯一一段帶有同步歌唱聲音的古早影片，看似隨口自然，其實也懷抱著向忠貞女德致敬之意。

蜜司臺灣的誕生

由於《全臺灣》這部膠卷的發現，讓這兩位元祖級的臺灣美女重現當代，而透過其他領域文獻、帶點機緣巧合的交疊，又能發現這兩位美女更多的訊息。

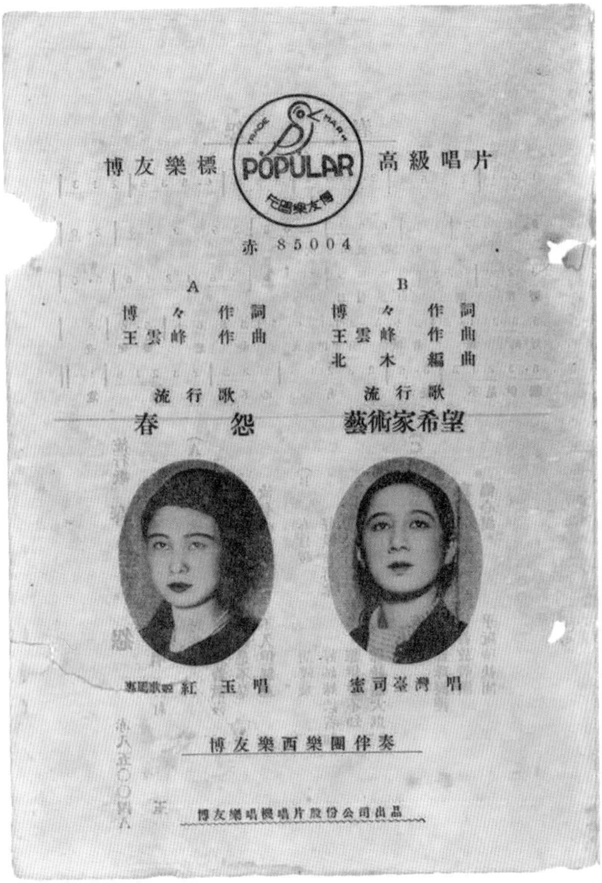

博友樂〈春怨〉、〈藝術家希望〉歌詞單，唱片歌單上的紅玉與蜜司臺灣特寫照（林太崴／提供）

〈藝術家的希望〉曲盤錄音（引自「臺灣音聲 100 年」）

在臺灣本土電影史當中，一九三二年臺北「良玉影片公司」製作的偵探電影《怪紳士》具有相當重要的定位。該片女主角「紅玉」是公司老闆張良玉的太太，可說是臺灣第一位電影明星，她的本名是李彩鳳，正是選拔會中獲評審特別青睞的「李氏彩鳳」。

換句話說，李彩鳳在參加《全臺灣》徵選的兩年前，就擔任過女主角拍攝電影，無怪她能顯得落落大方。而「紅玉」一名，在流行歌界也占有一席之地，她是博友樂唱片公司的「專屬歌姬」——領有月薪的專任女歌手，灌錄多張流行歌曲唱片，現存的唱片錄音有〈稻江進行曲〉、〈熱愛〉、〈春怨〉、〈變心〉等。

更有趣的是，在博友樂出品資料中，還有另一位藝名為「蜜司臺灣」的女歌手，聯想得知，她很可能就是具「臺灣小姐」頭銜的黃氏鳳。「蜜司臺灣」灌錄的歌曲有〈大學皇后〉、〈無情的春〉等，紅玉和蜜司臺灣兩人還合唱過一首活潑可愛的臺語歌〈藝術家的希望〉（出自博友樂唱片編號八五〇〇四），這首歌的歌詞是男女對唱，表現當時青年們對文藝家的仰慕。

在現存的唱片歌詞單上，刊登有「紅玉」和「蜜司臺灣」的清晰照片，取之與《全臺灣》影片中演唱〈雪梅思君〉時兩位女孩對照，面貌特徵確實相當神似。

我們幾乎可斷定，影片中演唱〈雪梅思君〉者，左側為李彩鳳、右側是黃鳳，而她們後來都加入了博友樂唱片擔任流行音樂歌手，時間就在一九三四年的下半年。

「博友樂」一名起於 **Popular**（流行）的臺語音譯，該品牌由茶商「同榮商會」老闆郭博容創立於一九三四年，作為茶商小老闆，郭博容熱愛文藝活動，開設西餐廳，接手企業後

森永製菓廣告（引自《臺灣日日新報》）

日本代表選出的臺灣小姐——吉川榮美子小姐（引自國立臺灣圖書館）

更開設唱片公司。博友樂可說是當時「純」本土資本的音樂製作公司，經營時間不久、出品唱片也不多，但由於以臺語流行歌為經營主力，創造相當特別的聲音紀錄。

我們透過塵封多年的膠捲與唱片，就這樣拼貼出兩位臺灣美女相對完整的「聲影」，只是她倆芳蹤何往？能不能再有更多的生平資料？就猶待更多的機緣了。

花落誰家？

至於所謂「內地代表」的臺灣小姐——吉川榮美子小姐，倒是還有些後續消息可說。「灣生」女作家竹中信子在《日治臺灣生活史——日本女人在臺灣》一書裡，提到一個小道消息：榮美子當時並不是主動去應徵，是臨時被硬拉到考試場地，與當選者拍下合照，就這樣莫名其妙冠上「臺灣小姐」的名義。她還寫到，之後榮美子沒有參加電影演出，但頂著這個頭銜，好幾度獲邀在總督府主辦的宴會、音樂會等場合擔任獻花的角色。也就是說，成為了「御用花瓶」。

「森永製菓」，就是那家現在還在大賣牛奶糖、當時就是日本生產糖果最具代表性的企業，這家公司在盛產蔗糖的臺灣業務之龐大可想而知。做為森永製菓臺灣負責人的千金，在企業、官方媒體的力量主導下，就這樣「喬」出了「內地代表」的位置給她，其實也是相當合理的。然而，那場選拔會中的榮美子小姐看來並不開心，而在眾佳麗中真正脫穎而出的李彩鳳、黃鳳，又是怎樣看含著金湯匙的日本人千金呢？實在是耐人尋味的內心小劇場。

而後榮美子大概渡過了三年多的「花瓶人生」，一九三七年四月在臺北公會堂的音樂會中，因為在森永製菓宣傳音樂會上臺獻花，而與當紅歌手中野忠晴認識，兩人談了一年的遠距戀愛，隔年年底在東京結婚，就此卸下她「臺灣小姐」的身分。

她的夫婿中野忠晴，愛唱臺語老歌的應該不陌生，他就是〈山頂黑狗兄〉的日文原主唱，也是戰後歌謠曲〈可愛的馬〉、〈黃昏的故鄉〉作曲者，六〇年代主持「日本歌謠學院」。這些阿祖阿嬤時代的聲緣情緣，都仍藕斷絲連，隱約拉連我們交錯跌宕的音樂記憶。

延伸閱讀

陳怡宏主編，《全臺灣：一九三〇年代臺灣紀錄影片選輯（DVD）》，國立臺灣歷史博物館，二〇一八。
竹中信子，《日治臺灣生活史——日本女人在臺灣》，時報文化，二〇〇九。
呂訴上，《臺灣電影戲劇史》，銀華出版部，一九六一。

1935

夜來香

狗標新小曲，民間音樂的新面貌

喜歡古早歌謠的朋友們，也許知道有個網站部落格叫「古い記憶のメロディ」（古早記憶的旋律），裡面歌謠蒐集極為豐富，分類呈現日本時代臺灣的校歌、寮歌、童謠、軍歌……可以聽每首歌的電子音樂、瀏覽歌詞。該網站的主人，是住在豐原的廖來福老先生，他生於一九二三年，多年前我曾前去拜訪他，那時八十多歲身體硬朗，是位愛彈電子琴、菸不離手的活潑長者。他說是九二一地震後才開始學用電腦、玩部落格，想起年輕時豐富的音樂記憶，開始蒐集古早的歌詞曲譜，用電子琴編寫音樂，一首接著一首累積，成為宏偉的歌曲資料庫。

勝利唱片出品《流行小曲：夜來香》圓標（林太崴／提供）

得知我有機會接觸古早曲盤蒐藏，廖老先生提起年輕時對一張唱片印象深刻，歌名叫〈夜來香〉：「不是華語歌曲那首喔！」他特別強調，他所說的〈夜來香〉是臺語歌，當時村裡子弟班的朋友都很喜歡，用嗩吶、鑼鼓合奏合唱，猶記得那時玩音樂的愉悅時光。他好久沒聽到那首音樂了，希望有機會能再聽到。

因為老先生的交代，我特別注意這首歌，後來在勝利唱片的目錄上找到，多年後才在蒐藏家處聽得曲盤、載到錄音，只是老先生的電話打不通了，許久後經由網路聯絡到他的家人，才知他已經過世。也很遺憾的是，他苦心製作的網站，這幾年由於部落格的重整而連結失效了。

流行小曲的特色

因為愛聽一首歌，而迷上了玩音樂，這實在是很常有的事，多年後玩出些心得再回頭聽，特別會勾引許多回憶與初衷吧。

臺灣版的〈夜來香〉是陳達儒作詞、陳秋霖作曲，收錄在勝利唱片公司一九三五年發行的曲盤中。錄音由勝利音樂團伴奏、歌手牽治演唱，音樂類別標示為「流行小曲」。從音樂明顯可以聽到，所謂勝利音樂團就是鑼鼓、嗩吶等組成的漢樂班，同一曲盤的另一面收錄的〈戀愛風〉

〈夜來香〉曲盤錄音（引自「臺灣音聲 100 年」）

則是由西洋樂團伴奏，兩面的音樂風格截然不同。

流行小曲的歌詞簡約，一般說的是女性的青樓情愁，或是思春閨怨，唱腔綿長婉轉，用鑼鼓作為伴奏節拍，因為用漢樂伴奏的關係，很容易就被北管子弟班吸收，而傳習到鄉村庄頭裡。

一般認為，流行音樂的社會影響力主要在都市，但流行小曲的魅力顯然是偏重在鄉村，愛好音樂的地方子弟聽了著迷，為了要合奏，去買張唱片來多聽幾次，是自然的事。

「流行小曲」是勝利唱片的獨門功夫，勝利唱片的商標是隻聽留聲機的小狗，當時稱之為「狗標」。開始是請音樂家張福興主持文藝部，開業製作一首〈路滑滑〉，頗有北管曲的氣勢，以漢樂伴奏，冠名為「新小曲」，在傳統格律裡創新，大為成功，後來一面西樂、一面漢樂，成為狗標流行歌唱片的特色。

勝利唱片的商標是隻聽留聲機的小狗，當時稱之為「狗標」。（引自國立臺灣圖書館）

1930年代小曲民謠非常盛行，廣告中常見日本小唄出品。（引自《臺灣日日新報》）

「小曲」是漢人音樂生活中的一種歌曲類別，有固定的詞曲、格律工整，多半曲調婉轉富有情感，主要是在閒暇娛樂或風俗活動所唱，在客家音樂中成為小調。

舉例來說，至今仍傳唱的〈白牡丹〉，陳達儒作詞、陳秋霖作曲，出自勝利公司一九三六年發行的唱片，也是漢樂伴奏。簡短格律的三段詞，描述藝旦「毋願旋枝出牆圍」的堅定情意，還請正牌的藝旦根根來演唱，突出表現藝旦曲的特質。

在舊藏曲盤裡，也有另一張同名為〈白牡丹〉的唱片，是紫色老鷹圓標、標題

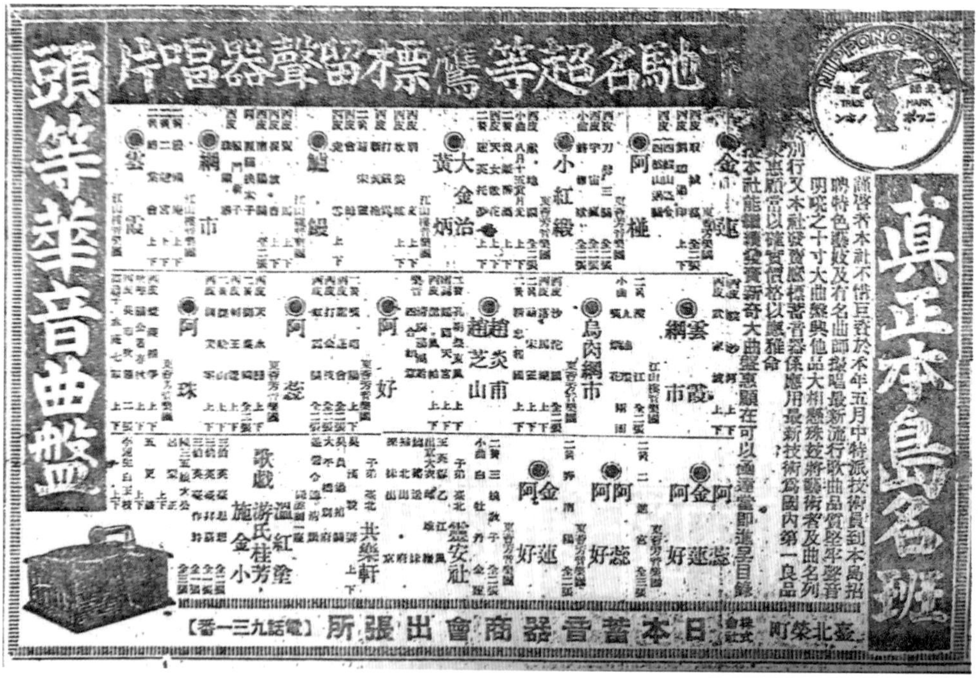

日蓄唱片出品的曲目，當中〈白牡丹〉由金蓮演唱。（引自《臺灣日日新報》）

為「小曲」。由金蓮演唱、東薈芳音樂團伴奏，據判約是一九二六年左右發行，唱詞是北管小曲的戲文。兩相比較，流行小曲的〈白牡丹〉，詞句扼要曲式短，旋律容易記得，達到琅琅上口、容易傳唱的效果。

關於流行小曲的製作，本名陳金花的〈日日春〉原主唱人鶯鶯阿嬤，提供一些有意思的親身經歷。

她當時是車掌小姐，因參加合唱團表現突出，又認識樂師，而獲邀當錄音歌手，她說是在勝利唱片公司二樓的錄音現場錄音的，樂師齊聚一堂合奏錄音。

戰爭下的收編

流行小曲的製作大為成功，就連古倫美亞也跟進製作，不過不到兩年，就遭遇時局的摧殘。

一九三七年七月日本對中國戰爭全面爆發，社會氣氛陡然一變，由於敵國是中國，日本殖民者對臺灣社會的漢人文化習性感到排斥，於是逐漸推動「皇民化運動」，在娛樂活動上，禁止歌仔戲、八音、北管等本土音樂戲劇的公開演出，民間音樂界稱為「禁鼓樂」。

流行樂界總能窮則變、變則通，在禁鼓樂的情形下，樂班改奏愛國歌曲，也有樂師改裝樂器，改變演出編制。與唱片公司合作的樂師們，

小曲〈白牡丹〉（引自「臺灣音聲 100 年」）

流行小曲〈白牡丹〉（引自「臺灣音聲 100 年」）

也製作發行臺語的「愛國流行歌」，找尋演出上的活路。比如〈送君曲〉、〈慰問袋〉、〈東亞行進曲〉、〈愛國花〉，還有講述中國戰場故事的「時局歌曲」〈南京夜曲〉、〈廣東夜曲〉等等。這些標榜愛國，或講述新占領地故事的歌，是當時的流行話題，也是樂師歌手的生存之道。

前述歌曲裡有些還傳唱下來，卡拉OK裡也許還點得到的名曲叫〈送君曲〉，這首李臨秋作詞、姚讚福作曲的歌，大有歌仔戲的風味，曲調哀傷，描述丈夫被徵調上戰場，妻兒在火車站送別的景象：右手舉著旗、左手牽著小孩，眼淚不敢流出來，交代丈夫不要擔心家裡的事……歌詞間盡是抒發送別者的苦悶。

這首歌當時竟自稱是「愛國流行歌」，實在讓人匪夷所思。而後〈送君曲〉主要在歌仔戲裡廣為流傳，特別用在出征送別的悲傷場面，成為戰爭情節專用的「哭調仔」，當劇情演到王寶釧送別薛平貴、或是薛仁貴告別柳金花……等等類似場面，二絃一拉、來一段「送君曲調」，臺上臺下一陣心酸、哭成一團，歌曲就這樣被一再傳唱而流傳了下來。

這樣表面配合內在控訴、「掛羊頭賣狗肉」的愛國流行歌，只能說是困獸之鬥。政策所趨，臺語流行歌唱片很快就沒有出路，演出創作者四散自行營生。一九四〇年之後，本土唱片發行業絕跡，加上日語在社會上的推廣宣傳，臺灣完全納編到日本流行唱片市場下了。

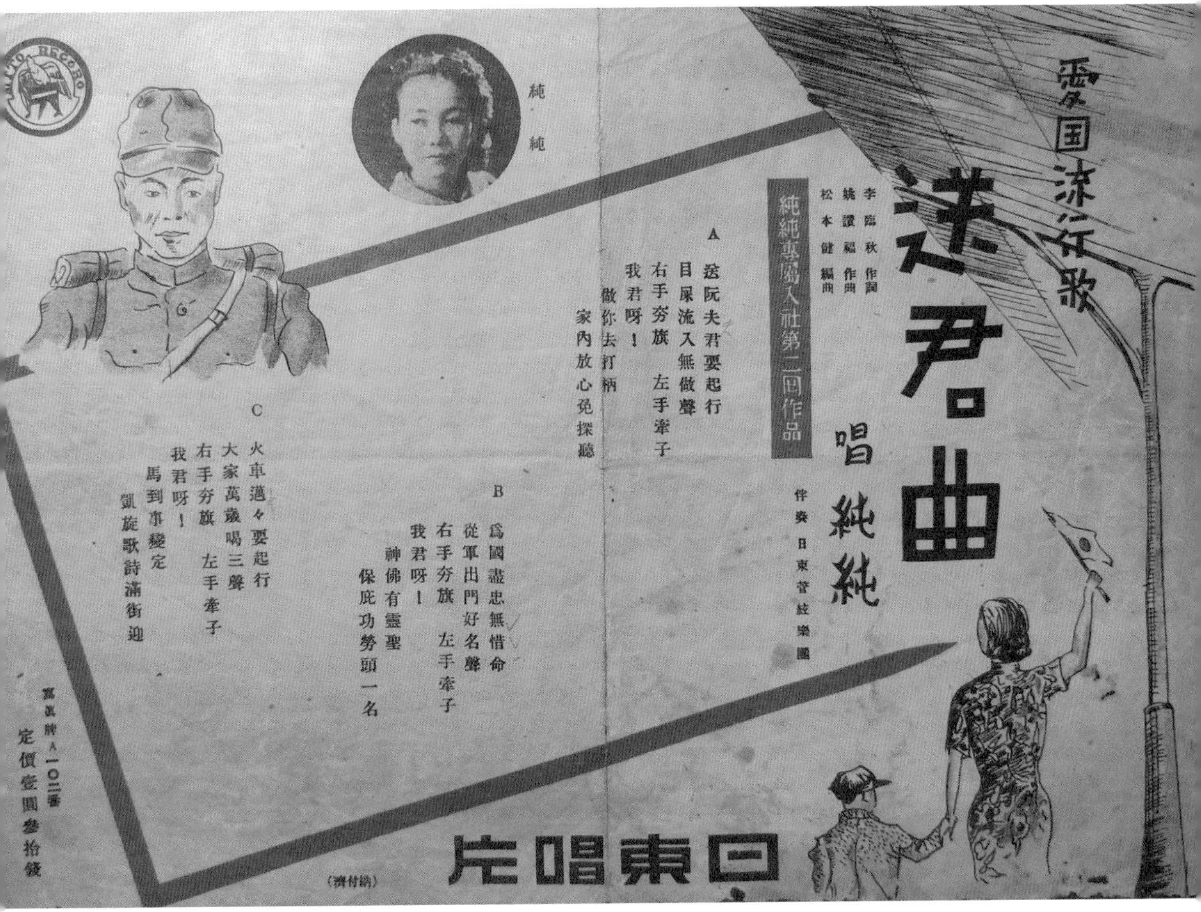

日東唱片出品《送君曲》歌詞單（黃士豪／提供）

愛國流行歌〈送君曲〉（引自「臺灣音聲 100 年」）

動員與音樂變局

在這樣的環境下，當年還年輕的阿公們子弟班，能玩些什麼音樂呢？還是有的。在大東亞戰爭開打後，政府大力推動所謂的「新臺灣音樂」，鼓勵以本土漢族樂器演奏日本軍國樂曲，希望藉此深植日本軍國思想於臺灣社會，臺灣人也藉此找到了表現的機會。

歌仔戲後場的陳秋霖，電影辯士出身的張邱東松等，在新臺灣音樂運動中都有所表現，他們著手「改良」傳統音樂，以適應大眾傳播媒體，發明了音量大、共鳴穩定的新型漢樂器，建立新型態的小型漢樂團，演奏日本音樂及軍樂，也穿插演奏傳統漢樂音調。

隨著戰爭陷入僵局，日本政局動盪不安，臺灣總督府的文化政策時而寬鬆、時而緊縮，一面加強對民間音樂的調查，一面贊助戲劇團隊演出，以「皇民劇」為主題收編民間劇

戰爭期間連民間掌中戲也被「改良」為日本劇《水戶黃門》（引自國立臺灣圖書館）

團，本土音樂活動在官方嚴密監控下，反得以蓬勃發展。

一九四三年九月「厚生演劇研究會」的演出，可作為這個弔詭現象的代表事件。該劇團名義上隸屬官方演劇協會，演出張文環新劇《閹雞》，由甫回臺的青年音樂家呂泉生負責音樂，他融合京劇、崑曲、南管等曲調，編寫〈丟丟銅〉、〈六月田水〉等民謠，引起觀眾跟著大合唱，旋被臨監的警察禁止。

戰爭期間臺灣音樂的發展廣泛受到官方干預，不過基於本土音樂的強韌與藝術人才的創意，濃厚傳統風味的本土音樂，反倒與近代新音樂的樂理、編製有相當深入的接觸，被趕出都會劇場、鄉間廟埕的同時，卻融入到本地的表演活動裡，成為本土版的新臺灣音樂。

戰後出品民謠專輯中的「新臺灣」概念圖樣（黃士豪／提供）

1940

挨拶

打招呼講國語，語言混雜與族群邊界

作為在博物館工作的我，得接觸第一手的文物史料，特別是臺灣歷來遺存的聲音史料，實在是很幸福的事。不過，基於個人有限的語言能力，能理解判讀的範圍有限，不能理解的語言，多只能聽個氣氛，或探問他人，面對「發聲與聽覺上的他者」，總覺有些遺憾。

《皇民化劇：挨拶》曲盤（國立臺灣歷史博物館／提供）

比方說，個人母語是福佬話、不諳客語，近來與客家研究領域的朋友有些接觸，只能找找音聲史料中是否有兩語混用的情形。在我印象中，曾經大流行的「廖峻澎澎餐廳秀」（聲麗音樂帶，一九八三～）錄音帶，廖峻常藉著誤聽澎澎的客家話，講出爆笑的福佬話。還有羅時豐的歌曲〈細妹按靚〉（吉馬唱片，一九九二）、「新寶島康樂隊」（一九九二～）的〈多情兄〉、〈歡聚歌〉，交工樂團林生祥的許多歌曲也常混雜了雙語……這類福佬、客語混用的歌謠，都特別地有趣可愛，早期錄音裡應該也會有這類作品吧。

起心動念許久、也翻找不少錄音來聽，又問過幾位研究與收藏界前輩，結果卻有些挫折。從一九一四年的臺灣藝人第一批錄音以來，到八〇年代的錄音帶之前，近七十年各種歌曲、戲劇或說話類唱片，幾乎不太能找到福佬、客家兩語混用且能有對話效果的聲音資料。

這實在令人納悶：客家人在廣大的福佬話唱片市場中，可說是相當活躍，第一批歌手樂師主要就是客家人，當中也錄了幾首福佬話的褒歌、車鼓調，三〇年代流行歌曲界的鄧雨賢、張福興、陳運旺、邱再福等幾位響叮噹作曲家，都是客家人，純純開始錄唱片時是跟著客家採茶戲團演出，六〇年代之後唱片業蓬勃，客家流行歌、講古、採茶都有灌錄許多唱片……兩語言間的戲齣、曲調常是互通有無的，為什麼就是不太將福佬、客話兩語混在一起用呢？

想想其中道理，畢竟唱片是聲音的商品，說唱、錄音，總是為了販售，基於市場考量，兩種語言混用要賣給誰？或許是市場面問題。那麼，音聲史料的語言「接觸」、還有語言「混雜」的狀態，是怎樣出現的呢？這麼想起來，問題就更廣，似更難以釐清了。

廖俊澎澎餐廳秀錄音帶封面（陳龍廷／提供）

〈九叔公大妗婆相褒（遊臺北）〉曲盤封面（胡楠／提供）

〈九叔公大妗婆相褒（遊臺北）〉曲盤（胡楠／提供）

福佬×日語：臺灣語言接觸的主戰場

雙語混用的音聲資料，在臺灣歷來錄音資料中最常見者，莫過於福佬話（臺語）與日語的混雜。

有張一九四〇年前後出版的曲盤叫《挨拶》，就是相當典型的臺日混雜錄音。單看唱片圓標，常被誤認是日語唱片，播放後發現，其實是以福佬話為主的對話唱片。裡頭從兩個臺灣人互相問候開始，言談中提到要講「國語」——日語比較清楚、好聽，於是開始一搭一唱，從早安、午安、晚安開始，講到各種聊天可能用到的日常語。

這張宣傳講國語的福佬話唱片，唱片圓標登載主題為「皇民化ドラマ」（皇民化劇），是戰爭期間為精神動員而編錄的宣導唱片。

臺日語言混雜的歌謠，在舊式歌仔冊當中也有經典案例，約在一九三二年上市的《臺日會話新歌》，是用大量日語、臺語對譯混用的七字仔歌。比如：

ハヅカシ講見少　ウソ臺灣講校梢
ミナユク去了了　ハラヘル腹肚飫

這本小冊子內容還分析自己的賣點，除了趣味解悶，更是要讓不懂日語的臺灣人接觸到基礎日語，讀後能稍稍識字。文末說：「這本歌詩新發明　有字通學是正經　男大老幼買去用　袂輸六年卒業生」。

這樣具有聲音動態的歌本，讓筆者想起一首歌，不知大家有沒有印象：一九九二年臺灣帥哥金城武的歌曲〈夏天的代誌〉（吳念真作詞／陳昇作曲）

O Ha Yo 真會早　Su Li Pa 是淺拖
A Li Ga To 講真多謝 Chi Li Ga Mi 便所紙……

〈歌仔冊：日臺對話新歌〉內容（引自國立臺灣大學圖書館數位典藏館）

〈皇民化：挨拶〉曲盤錄音（引自「臺灣音聲 100 年」）

臺日混血的金城武，演唱這首臺日混語的歌曲，可說相得益彰，就像「金城武樹」一樣，走入大眾生活，受到大家的歡迎，讓大家感覺到：原來歌可以這樣編、話可以這樣說。似乎是建立臺日「語言接觸」的新典範，事實上，這樣趣味的歌詞，仍來自於臺灣人的歷史經驗與日常生活。

從《臺日會話新歌》到〈夏天的代誌〉之間，足足一甲子，臺日混語歌曲相當多，隨著操作樣態不同，混合的方式也有所殊異。五〇年代之後大量翻唱日語歌曲的臺語歌中，常有援用日語原詞者，比如〈快樂的出帆〉（陳芬蘭）裡面的「Kha-móo-meh」（海鷗），文夏、吳晉淮的歌曲裡常會唱到「Matoloshu」（船員）、「tshia-tshu」（爵士）……這些是翻唱日語歌曲的遺緒。

另外在黑膠唱片中，常看到以臺灣名勝、山地為題，錄有日語歌曲的唱片，有些是將臺語歌翻唱一兩段日語，一段臺語後再唱一段日語，這類聲音產品在一九七〇年前後爆發性地出現，特別多是七吋盤，太王、鈴鈴等公司出品，主要是作為觀光紀念品，販售給日本人的。這些唱片反映當時日人來臺觀光的盛況。

近代的臺語流行歌曲裡，也特別多混雜了日語的歌詞，比如「sayonala」（再見）、「khan-pai」（乾杯）在歌詞裡頻繁出現，電視歌唱節目中「臺日語」更成為專有名詞，蔡小虎、龍千玉等歌手常一段臺語、一段日語地唱，說是成為一組新的歌唱語言也不為過。

日語混入臺語歌曲的情形，屢見不鮮，大概與臺灣社會的近代化生活經驗、殖民史與戰爭動員，以及臺日社會的社會互動有關。

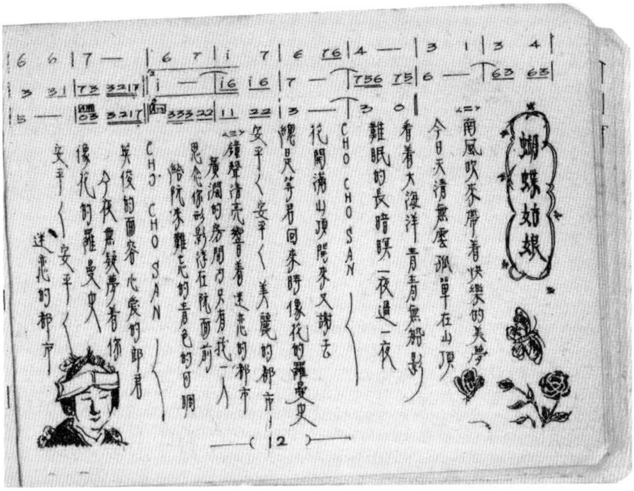

戰後知名歌曲〈蝴蝶姑娘〉歌詞中藏有日文。（郭一男／提供）

吹出三種聲——混雜、接觸與邊界

相對於熱鬧的臺日混雜，缺乏「福佬／客家混雜」的情形，反映的是兩個族群缺乏互動嗎？顯然不能這麼說的。自日治時期以來，客家語唱片發展不如福佬話，但也有一定的市場，可以說的是，兩種語言在唱片業具有鮮明的市場區隔。

關於早期錄音資料的語音交融情形，近年由於聲音資料較容易觸及、甚至有母盤錄音可研究，成為可被鑽研的問題。音樂學者劉亦修發表的碩論，就從唱片歌曲、歌仔戲裡，試著分析福佬話戲曲的腔調運用情形。在他的研究中，指出一個特別有趣的案例：

純純在一九三三年灌錄三首名曲，〈望春風〉「獨夜無伴守燈下　清風對面吹……」、〈月夜愁〉「月色照在三線路　風吹微微　等待的人哪袂來……」、〈雨夜花〉「雨夜花雨

夜花　受風雨吹落地……」。這三首名曲都有「吹」這個字，仔細聽原版錄音，三處的發音似乎有微妙的不同。

一般福佬話口音分析中，「吹」的語音有「tshue」、「tshe」、「tshɤ」，究其淵源，三者又分別來自漳州（廈門）腔、泉州（同安）腔、老泉腔。劉亦修認為，純純在唱〈望春風〉的「吹」，是配合韻腳唱成「tshe」，而〈月夜愁〉裡則唱成「tshɤ」，反映她個人語音較接近老泉腔，為了配合不同語音作詞家的歌詞韻腳，而用了同安腔。就我聽覺補充，純純唱的〈雨夜花〉的「吹」，卻是很清楚唱「tshue」。

同一個字放在不同歌曲中卻有不同的唱音，除了演唱者本身的語音習慣外，可能要考慮歌曲、節拍速度、錄音的品質，甚至教她唱的人是什麼樣的口音，都有關聯。追索這麼細膩的聽覺問題，即使花再多聽力、耗再多精神，可能也難有判準，不過，至少讓我們注意到，流行歌的創作與錄音過程，本身就是不同語音交錯互動的結果。

「吹出三種聲」的案例提醒我們，福佬話在當時並非「一個語言」、而是「一群語言」，其語言是經過「混合」而趨於一致的，或者說，是幾個大約可通的語言混同交雜，被歸類在一起。類似的混合過程在唱片市場、整體社會不斷進行，福佬話內部的邊界模糊化，作為被普遍認知的「臺語」也就越來越清晰，也開始與前後期的「國語」——日語、華語，展開對話、互譯。

至於客語歌謠與戲劇方面，日治時期固然有不少採茶、山歌唱片發行，甚至有特定以客家音樂為主的廠牌——「美樂」，當中的語言混合情形應也有發生，但相對而言，由於客語內部的語音歧異性較福佬話大，且唱片市場較小，更幾乎沒有流行歌的發展，未能具備發展為特定語言的條件。至於原住民語言歌謠的部分，也就更沒有機會了。

混雜與權力翻轉

接著看戰後的唱片市場。客語唱片的崛起與發展約在六〇年代後期，而後開始有零星的流行歌發表。至於原住民在音樂上，一直展現豐富的內容與活力，不過真正能由地方社會撐起市場——即賣給原住民朋友聽的音樂，卻是在錄音帶普及的七〇年代之後的事了。

所以說，自臺灣有聲音市場以來，受限於技術與媒體市場，客家

陳君玉作詞〈單思調〉歌詞單，演唱者純純。（徐登芳／提供）

與原住民族群仍需依存在華語、福佬話音樂市場中，才能有表現的舞臺。而在七〇年代之後，臺語唱片市場由於市場長期萎縮，相對弱勢了，以華語演唱演出成為大眾媒體與流行文化主流，形成了以「華語＝國語」為首，排擠各種「方言」的市場結構。

前述結構在解嚴前後開始遭到挑戰，福佬話、客語、原住民語，甚至日語在華語聲音市場出現，或是在華語歌曲中穿插幾句臺語歌詞，或是平時演唱華語的歌手唱起了臺語、客語歌……諸如此類「語言混雜」的表現，對聽者大眾來說，相當程度突破既定印象，不但開發新的聽覺體驗，更鬆動既有的權力結構，就這樣一點一滴突破，累積構成當代臺灣聲音市場的豐富聲景。

不過我們也要注意到，混雜的過程，族群的邊界也在緩緩推移著，日積月累而有改變。一九九〇年代常聽到所謂「華語、福佬、客家、原住民」四大族群，如今聽來已顯得陳舊了。無論如何，面對各自族群內部的歧異，享受與不同人群的對話，張開耳朵，安然享受混雜的狀態，總是件令人開心愉悅的事。

延伸閱讀

林太崴，《玩樂老臺灣：不插電的78轉聲音旅行，我們100歲了！》，五南文化，二〇一五。
劉亦修，〈上流行的口音：日本蓄音器商會流行歌唱片中的臺灣話〉，《臺北文獻》（直字）二〇七，二〇一九。

1947

露營之歌

鄉土流行歌，實景實情二二八

我們常說二戰結束後臺灣百廢待舉，事實上有些事情卻特別興盛，比如說，地方選舉引發的參政熱潮，還有，這期間流傳特別多經典的歌謠。文史歌謠學者莊永明提出「戰後四大名曲」之說，以〈望你早歸〉、〈補破網〉、〈杯底毋通飼金魚〉、〈燒肉粽〉四首歌，做為戰後初期歌謠代表作，近年來古早的文獻資料累積，讓我們找到更多值得細究的歌曲。

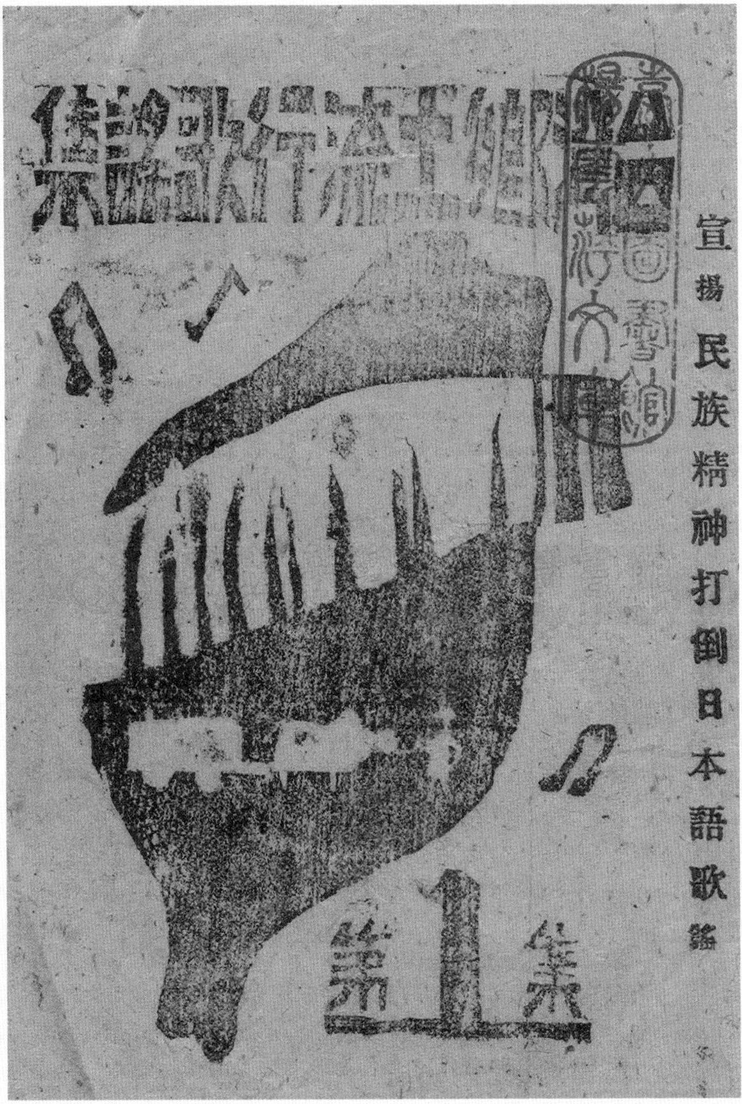

《臺灣鄉土流行歌謠集》第 1 集（引自國立臺灣大學圖書館楊雲萍文庫藏《台湾鄉土流行歌集》）

歌仔冊與唸歌網址

蒐藏在臺大圖書館特藏的《臺灣鄉土流行歌謠集》，是印刷粗劣、保存狀況非常糟糕的歌本，兩本共收錄有十七首歌，印有簡譜和全數歌詞，有許多油墨模糊、誤植的狀況，樂譜的上下點也常有錯誤。不過稍加研究可以發現，幾乎每首歌都能唱得出來，歌詞內容別出心裁，是意思深遠的歌唱史料。

怎麼說呢？因為在每一首歌譜上，都註記一首日文歌的歌名，即使沒有曲譜，去查歌名就能知道怎麼唱。當中故事性強烈的歌特別多，反映生活實況，抒發強烈而普遍的社會情緒。

打到日本語歌謠

歌集的封面註記有「宣揚民族精神打到日本語歌謠」，封底分別註記「實行三民主義建設新中國、擁護魏主席建設新臺灣」和「中國國民黨就是救民救國的革命黨、實行三民主義建設和平康樂的新中國」等口號。口號裡提到的「魏主席」，顯然是指第一任省主席魏道明，他任職省主席是一九四七年五月至四八年十二月間，特別以「擁護魏主席」為口號，常理判斷可能是上任後不久的印刷品，也就是二二八事件之後印製發行。

由於沒有任何出版訊息，歌本究竟是販售用的、還是誰的文宣品？並沒能確定。在那個惡性通貨膨脹的時代，即使是這般單薄簡陋的印刷品，仍是相當罕見，倖存至今那可就更不容易了。裡面有情歌、電影故事之外，有好幾首特別扣連了當時的時事環境，表現臺灣人那時的社會觀察與想法。

比如有一首叫〈露營之歌〉，是採用同名的知名日本軍歌新填的歌詞，歌詞如下：

一　覺悟無命　強迫出鄉關　押入戰船　載來到臺灣
無疑軍情　能來變這款
進軍號令　心內真可疑　目前全是　青天白日旗

二　日本軍閥　強權用霸道　擾亂東亞　一帶的平和
祈謀幸福　無疑煞來無
天皇陛下　真真是戇哥　財產抄封　帝位險險無

原本描述軍隊士氣高昂的歌曲，改編成臺語版，描述派到臺灣的日本軍人被迫繳械投降的情節，第二段更批判、訕笑日本天皇，說他財產被抄、還差點丟了皇位。恥笑日本帝國的失敗，而對日本軍人抱以同情的態度。

這類直白議論時局的歌曲，還有一首，歌名叫〈宇美遊較麻〉。此曲並沒有註明原曲，但如果將歌名的每一個字、用臺語讀出來再拼湊起

《臺灣鄉土流行歌曲集》二本影像（臺大圖書館藏）

來：ú-bí-iû-khah-bâ。再轉成日文音標：うみゆかば。就是——海ゆかば（海行兮）——一首極具代表性的日本軍歌，歌詞是這樣唱的：

反悔有較慢　還我民族的臺灣
想錯有較慢　打倒日寇的強權
啊～啊民主實現　三民主義普遍萬年　但見日白青天

〈海ゆかば〉在戰時日本有「準國歌」、「第二國歌」之稱，是採用《萬葉集》的詞譜曲，一九三七年作曲演出，而後常用於發布戰果、公告詔書等正式儀典，而成為國民精神總動員下的社會音樂記憶。原曲的意思是：若往海上去，願為水中屍，若往山上去，我願為草下屍，天皇身邊而殉國，義無反顧。

改編的臺語歌詞，沒有註明日文原名，不過對當時普遍懂日文、也會唱這首歌的臺灣人來說，應該都能心領神會。歌詞內容訕笑日本戰敗，強調臺灣光復後實現三民主義，一切光明的展望。可說與原曲主題類似，內容立場與社會意義完全背反的歌。

進軍之歌的宣傳也包括〈露營之歌〉在內（引自《臺灣日日新報》）

由前面兩首歌可以發現，這歌本當中有個核心概念，所謂「宣揚民族精神打到日本語歌謠」，其實就是將普及的日語歌謠，甚至是日本軍歌，改編成新的臺語歌詞，反手用來批判日本軍國主義。套句現在的話說，這些號稱是「鄉土流行歌」的翻唱歌曲，基本上是戰後「轉型正義」策略的一環。

戰後社會的苦情

歌集裡還有許多對於時事的觀察，別具社會意義。有一首叫〈離臺〉，改編自戰時名曲〈九段の母〉，歌詞描述一個日本人被遣返的慘況與心情：

一　官舍內行出門樓　行去到車頭　人即多無椅通座　載返去內地
一千元 欲怎樣渡　一聲哭母一聲苦　噯約……啊毋知何時　即能到神戶

二　阮頭頂行李即重　有錢倩無工　即多人攏總相同　財產又空空
五十一冬 大人即送　想看臺灣毋願放　噯約……啊腹肚即飫　敢能餓死人

三　七日間火船水路　載返到神戶　天即烏行李渥雨　今看欲啥步
身軀摸　存無幾元　此後日子怎樣渡　噯約……呀皇帝糊塗　迫阮行無路

台南市遣送回國日僑携帶物品注意事項

一、遣送回國之日僑（簡稱回國日僑）每人准携帶物品一挑以自能搬運者爲限其種類數量不能超過左列各欵之規定

（甲）盥洗具類：面盆一個　漱口杯一個　肥皂盒一個　毛巾一條　牙刷一把　牙膏一瓶　化粧品若干肥皂二塊

（乙）寢具類：棉花被二條　枕頭二個　被單二條　蚊帳一條草席一領毯（或棉花褥）二條

（丙）衣履類：（男女相同隨身穿着者除外）冬季衣服三套　夏季衣服三套　衞生衣一件　大衣一件短褲三條　襯衣四件　羊毛衣一件　短襪三双　長襪二双　背心三件　睡衣一件　雨衣一件　呢帽一頂　手套一双　木屐二双　皮鞋三双

（丁）炊具類：（以下除爐灶外以銅鐵質料者爲限）煮飯鍋一隻　燒菜鍋一隻爐灶一具　鍋鏟一把　火箝一把　水瓢一個　小菜刀一把　飯瓢一個

（戊）日用品類：自來水筆一枝　鉛筆一枝　鋼筆一枝　毛筆一枝　紅墨水一瓶　藍墨水一瓶　手錶（或掛錶）一隻　眼鏡二副　洋火五盒　粗紙二刀　香烟十包　熱水瓶一隻　鏡一面　頭梳二把　衣刷二把　圖書若干册（與作戰無關而非歷史性書籍及文件報告書統計數字暨其他類似資料者爲限）

（己）行李袋：手提包一件　手提袋一件　籐箱一個

（庚）藥品類：（均以足敷一週爲限）內服葯四種　外敷葯兩種　紗布若干　橡布膏若干　棉布若干　繃帶布若干

（辛）食糧：航行期中得多帶二日量食糧

前項日僑携帶物品不許分二次搬運上船並不許僱用苦力帮同搬運但老年殘廢患病或携帶幼孩者得酌准僱人代搬有幼孩者並酌准多帶

二、回國日僑不得携帶左列物品：

（甲）炸葯　武器　軍火　大型刀劍

（乙）照相機　双眼望遠鏡　野戰望遠鏡及其他光學器材

（丙）金條　銀條　金塊　銀塊未經鑲嵌之寶石藝術品等

（丁）各種有價證劵銀行存欵及債權有關證明文件但日本本部臺灣朝鮮及舊關東州等地之郵政儲金存摺及日本所屬銀行或其分支行所發出之存欵簿暨郵局或日本公司所發之生命保險單不包括在內

（戊）珠寶或奢侈品而不合於持有人之身份者

（己）超過第四條規定以外之物品

台南市日僑輸送管理站

遣返日人的注意事項，可見當時「引揚」的嚴苛情況。（郭双富／提供）

四　想欲去揣阮姑婆　通街尋都無　欲啥步　哀哀叫苦　天公欲如何

滿街趖　先揣揣無　街路倒甲平波波　牽手……呀我想驚你　能作乞食婆

原曲〈九段の母〉也是相當知名的戰爭時局歌曲，歌詞講一位殉國青年的母親，辛苦爬九段坡前往靖國神社參拜，既傷心又備感榮耀的心情。改編臺語歌詞後，以被強制遣送日本的官員作主角，身上只能帶一千元，極為不捨又不願的走到車站，自行扛著行李，經過七天的船航終於到神戶。歌裡充滿對天皇發動戰爭的怨懟，打算投靠親戚，看路上躺著好多的人，怎麼都找不到太太，心想該不會變成了乞丐婆了吧。

歌集中的日本人苦，臺灣人也很苦。其中一曲〈侍應生〉，也就是後來流傳的知名歌曲〈生活苦〉，講直接受害於戰爭及戰後社會窘況的孤苦女性，只能淪落酒店陪酒，這也是歌曲當中所見女性最慘的下場。另一首叫〈告別〉的歌曲，更進一步呈現戰後的生活困境。

〈告別〉日文原曲〈上海の街角〉，後來另翻唱成臺語流行歌〈深情難捨〉，至今仍普遍熟悉的旋律。日文原曲串接了幾段口白，講述電影的劇情，故事發生在一九三九年的上海，一對男女即將分手，男人壓低聲音跟女性訴說自己的想法，他打算離開罪惡之都上海，前去華北打拚。

翻唱成臺語歌的〈告別〉，也順著這樣的情調發展成臺灣版劇情，兩段歌詞中間插入口白，內容如下：

一　你我的運命遮歹　見面就欲分東西　不思凝情海荒災　哀怨在心內
惡魔的誘拐利害　即能乎騙毋知　咱的故鄉父母慈愛　也着想看覓。
（口白）不可哮呀，你看廟口賣店圓仔湯、土豆糖又再排得彼鬧烈，
舊年與你相逢的時候在這城隍廟口，今日欲離開也是在這廟口。
你記的無？舊年初相逢是燈火管制，一聲水螺行着空襲，
二人走頭無路避在城隍爺的桌脚，大地幾多炮火也已經平定了，
臺灣雖然光復，但是你聽看覓，
廟內白米一斤也是四五十元，貧人是欲怎樣渡。
二　君你的恩愛難忘　惜別何時再重逢　可比是帆路遇風颱　憔悴心可痛
這人生世情茫茫　環境迫人實難當　月娘銀光普照大同　黃金一字通

這首歌詞連同口白，都極為流暢而富韻律感，歌詞描述兩人送別，被惡魔所逼離開家鄉。原是走空襲時在城隍廟認識，今日又在這廟口離別，因為白米一斤要四、五十元，日子過不

下去，只能離鄉去。最後突然冒出一句「黃金一字通」，抒發對社會現實深惡痛絕的心情。

拿普遍流行的戰爭時局電影故事，貼上戰後的臺灣情境，而來詮釋當時的時局，小市民的無奈控訴，藉著新的故事歌曲來抒發。

控訴與期待交錯的二二八時代

歌集裡的社會現況描述，另外有一首寫得更為露骨，歌名叫做〈行市〉，原曲名〈懐かしのボレロ〉（懷念的波麗露）是帶點拉丁風味的快節奏音樂，改作後的臺語版歌詞也比較密集，講述特別多實情。兩段歌詞如下：

一　請看社會現時　有怨嘆有歡喜　自將經濟解除萬項物直直起　萬項物直直起
白米行市　起的無天理　毋驚貧人會餓死　失業滿滿是　有什麼方法
暫時通好來維持　請大家着要覺醒　奸商緊緊除予離

二　臺灣生產白米　收一期應三年　自將配給中止　載海外四界去　載海外四界去
奸商操從想欲大趁錢　頓積居奇無天理　臺灣省告示　超過三月日
食糧着要總登記　請同志奮發站起　建設心着一致

這樣直接表達社會困境並提出倡議的歌詞，在歌曲資料中相當少見。敘述原來產米豐饒的臺灣，在配給中止後，奸商將米輸送海外，加上囤積居奇，窮人都要餓死了，呼籲同志們要站出來配合臺灣省的米糧登記政策。

前述的這些歌，呈現二二八事件前後的臺灣百姓觀點。經歷戰火，臺灣人顯得驚魂未定，加上物價騰升、失業率高，在這樣別具鄉土性的翻唱歌曲裡，大力的控訴社會景況。不過在封面上仍印上「支持魏主席」、「中國國民黨救國救民」，指望全民配合、當政者扛起責任，拯救市民於水火，這是二二八事件前後普遍的社會心態。

由於流行歌的內容，多是充斥著情愛糾葛、或是離鄉愁思，情景的時空背景也不甚明瞭，這批印在簡陋歌本裡的所謂「鄉土流行歌」，清楚反映當時的政治經濟與生活寫實情境。

儘管編印得七零八落又難以理解，由於是搭上知名歌曲而編唱，即使是當代的我們，仍很容易找到對的音樂來配唱，假如編唱錄音，想必能成為很棒的歷史教材，誰來幫忙出張專輯吧。

延伸閱讀

莊永明，《臺灣歌謠追想曲》，前衛出版社，一九九五。

1948

生活苦

故鄉之歌，哀歌裡的戰殤故事

我們常將二次世界大戰的結束，視為臺灣近代史的時代分界，不過這件關鍵大事，在臺灣卻沒有太多座實體的紀念碑存在。隨著兩個世代的輪替，生活周遭也幾乎碰不到相關的歷史記憶了，相關遺緒恐怕只存在於博物館。

事實上，當時社會底層流傳的歌謠，有些仍流傳到現代，只是隨著世代記憶的流失，歌顯得老了、內容也不那麼為人所知了，只能在文獻裡下一點功夫，把一些不再為人所說的戰爭記憶重建起來。

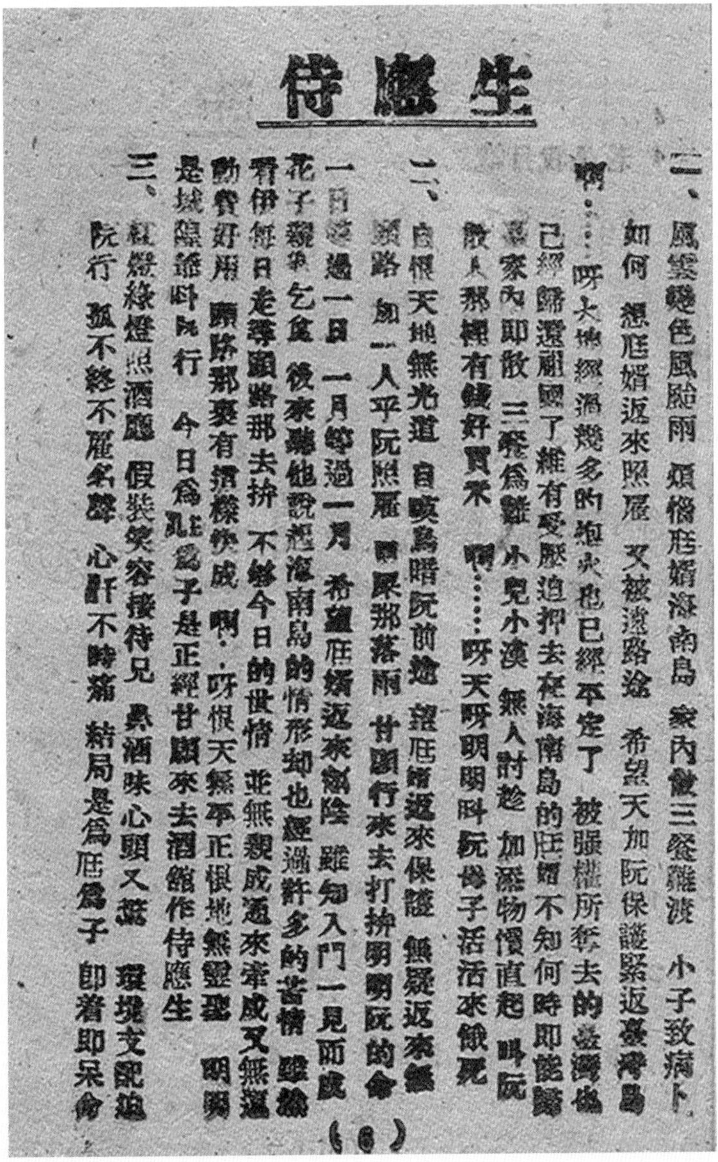

侍應生

一、風雲變色風颱雨　煩惱尪婿海南島　家內做三餐難渡　小子致病卜
如何　想尪婿返來照顧　又被遠路途　希望天加阮保護緊返臺灣島
啊……呀大地經過幾多的抱負也已經平定了　被强權所奪去的臺灣也
已經歸還祖國了　維有受壓迫押去在海南島的尪婿不知何時即能歸
臺　家內即散　三餐為難　小兒小漢　無人討趁　加添物價直起　叫阮
散人那裡有錢好買米　啊……呀天呀明明叫阮母子活活來餓死

二、自恨天地無光道　自嘆爲暗阮前途　望尪婿返來保護　無疑返來無
頭路　剩一人平阮照顧　[illegible]屎那落雨　甘願行來去打拚明明阮的命
一日過一日　一月等過一月　希望尪婿返來腳陸　雖知入門一見而成
花子離爭乞食　後來聽他說起海南島的情形卻也經過許多的苦情　雖然
看伊每日走尋頭路那去拚　不夠今日的世情　並無親成通來牽成又無通
動費好用　顧路那要有預條快成　啊．呀恨天無平正恨地無靈聖　明明
是城隍爺叫阮行　今日爲恥爲子是正經甘願來去酒館作侍應生

三、紅燈綠燈照酒廳　假裝笑容接待兄　未酒味心頭又苦　環境支配迫
阮行　孤不終不顧名聲　心肝不時痛　結局是爲尪爲子　即着即呆命

《臺灣鄉土流行歌謠集》內〈侍應生〉歌詞（引自國立臺灣大學圖書館楊雲萍文庫藏《台湾鄉土流行歌集》）

歌仔冊與唸歌網址

生活苦

戰爭時局下的百姓能有多苦，聽聽〈生活苦〉這首歌就會知道。

這首歌曲調來自日本歌〈牡丹之曲〉，原本是電影主題歌，戰後被改編為臺灣本土女性的故事，廣為傳唱：「風雲變色風颱雨　煩惱翁婿海南島……」破題就講起了丈夫離家在外的孤苦情境，口耳相傳，成為少見仍清楚描述戰爭記憶的歌。

在臺大圖書館的楊雲萍文庫裡的歌本《臺灣鄉土流行歌謠集》，收錄一首叫〈侍應生〉的歌，就是這首歌的原型。三段歌詞外加長長的口白，全文如下：

一
風雲變色風颱雨　煩惱翁婿海南島　家內散三餐難渡　小子致病欲如何
想翁婿返來照顧　又驚遠路途　希望天甲阮保護　緊返臺灣島

（口白）啊……呀　大地經過幾多的炮火也已經平定了
被強權所奪去的臺灣也已經歸還祖國了
唯有受壓迫押去在海南島的翁婿毋知何時才能歸回　家內遮散　三餐為難
小兒細漢　無人討趁加添物價直起　叫阮散人哪裡有錢好買物
啊……呀　天呀　明明叫阮母子活活來餓死

二　自恨天地無公道　自嘆烏暗阮前途　望翁婿返來保護　無疑返來無頭路
加一人予阮照顧　目屎若落雨　甘願行來去拍拚　明明阮的命
（口白）一日等過一日　一月等過一月　希望翁婿返來致蔭　誰知入門一見而成花子
親像乞食　後來聽伊說起海南島的情形　却也經過許多的苦情
雖然　看伊每日走尋頭路那去拚　毋過今日的世情　並無親成通來牽成
又無運動費好用　頭路哪裏有這樣快成
啊……呀恨天無平正　恨地無靈聖　明明　是城隍爺叫阮行今日為翁為子
是正經甘願來去酒館作侍應生

三　紅燈綠燈照酒廳　假裝笑容接待兄　鼻酒味心頭又驚　環境支配迫阮行
姑不將無顧名聲　心肝不時痛　結局是為翁為子　才着遮歹命

日治時期臺北新公園內獅子餐廳的女給（侍應生）們（胡楠／提供）

日治時期女給有時還得作陪遊河（胡楠／提供）

猶記得我首度翻到這首歌詞時，心中之激動。開始看到歌名有點無法理解，看到歌詞就知道：原來是〈生活苦〉啊。再仔細看怎麼歌詞這麼多？原來歌詞間附有兩段長口白，這才明白，故事的詳情被寫在歌詞間的口白裡：戰爭徵兵帶走了丈夫，她帶著小孩艱難度日，戰爭結束後千等萬等，丈夫淪落為乞丐一樣回來，而後工廠廢弛、貪官汙吏橫行，亂局裡找不到工作，堅強的女性只好放棄尊嚴去酒店當服務生。

這首歌傳唱了下來，歌名都稱為〈生活苦〉，一九七三年歌手白櫻灌錄唱片，近幾年一些老歌節目也常聽見，不過都沒有演出口白，寫實而讓人特別感慨的故事細節遺落了，只留下情感濃厚的哀歌，供不知詳情的臺灣人憑弔。

望郎早歸

跟〈生活苦〉類似的一首歌〈望郎早歸〉，同樣改編自日本電影歌曲，歌詞這樣唱：

一　思念我君坐在窗　東邊月娘紅　春風吹來阮一人　未得照希望
　　離開這久的臺灣　無想咱鄉村　厝內又擱這呢散　誰人未怨嘆。

二　離開比水流較遠　放阮在田庄　佮子一日吃一頓　消瘦面青黃

傷心怨嘆全袂睏　一暝哭甲光　我君是你失拍算　怎樣去彼遠。
三　看見水底的鴛鴦　加添阮憂愁　目屎那流也那想　袂得返家門
腹肚若飫又沒飯　三頓蕃薯湯　想要作工腳手軟　誰人心未酸。

〈望郎早歸〉同樣是倚曲填詞，日文原曲叫〈乙女の首途〉（少女的初旅程），是一九四〇年的電影主題歌。改編的臺語版傳唱至今，江蕙、鳳飛飛有錄音傳世，蔡振南在電影《多桑》裡的演唱，也讓人印象深刻。

江蕙與鳳飛飛唱的版本歌詞略有不同，第二段江蕙唱的是「子若欲吃烏梨糖」，一天只能吃一餐度日了，餓到睡不著是身體的痛苦，小孩還吵著要吃糖，心底的酸楚苦情也顯得窘迫。

同樣是演繹臺灣女人的戰殤故事，如果找到古早歌本的〈望郎早歸〉，說不定也藏有更完整的劇情。

附帶一提，〈望郎早歸〉跟另一首同時代的臺灣名曲〈望你早歸〉很容易混淆。〈望你早歸〉是那卡諾（本名黃仲鑫）作詞，名作曲家楊三郎作曲，描述女性等待男性歸來的心情，戰後初期在廣播電臺發表演唱：「每日思念你一人　袂得通相見　親像鴛鴦水鴨　不時相隨無疑會來拆分離……」

〈望你早歸〉跟〈望郎早歸〉歌名相近，故事情節也相當接近，也被解讀為女性等待因太平洋戰爭滯留海外的丈夫故事。

不過在較早期的版本、比如一九六〇年代紀露霞在亞洲唱片的〈望你早歸〉當中，有一大段口白，開頭是這樣說的：「啊！無聊的月光暝，來引阮思念著故鄉的哥哥，哥哥你現在大概真無聊、寂寞，來咧等候我轉去故鄉。我自離開故鄉到現在，也袂得通達成著我的希望……」這口白搭上去，似乎講的是女性離鄉無法團圓的故事，跟戰爭經驗沒有干係了。

所以說，〈望你早歸〉雖發表於一九四七年，創作與發表的原貌卻難確定跟戰爭動員有關。不過，歌畢竟是人唱出來的，這首歌傳唱人間，而被疊加的情節、意念與情緒，都遠遠超過創作發表時的初衷了。

思念故鄉，故鄉之歌

〈望你早歸〉與戰爭經驗的關聯撲朔迷離，不過楊三郎作曲的另一首名曲〈思念故鄉〉，具體跟臺灣人的戰爭經驗有關，卻不太被注意到。

〈思念故鄉〉一九五四年發表，一般認為歌曲講述當時農村百姓為了生活往都市移居奮鬥的思鄉心情，實則另有蹊蹺。歌詞摘錄如下：

一　我騎水牛　你來飼鵝　山頂食草溪邊坐　談情說愛好迢迌
為何失戀心糟糟　可愛的故鄉　可愛的山河　今日離開幾千里
啊……何時再相會　啊……何時再相會

二　我來播田　你來擔秧　秧仔播落心頭酸　春來秋去日頭長
為何愛情來拋荒　可愛的故鄉　可愛的田園　今日離開幾千里
啊……何時再相會　啊……何時再相會

三　我來有義　你來有情　毋驚散赤毋驚窮　一家一業學會成
為何心情袂分明　可愛的故鄉　可愛的家庭　今日離開幾千里
啊……何時再相會啊　何時再相會

就歌詞的字面上來說，就是農村青年離開了家鄉的故事。這首歌的背景故事相當知名，原曲名〈戰火燒馬來〉，根據作曲家楊三郎記述，當年是一個劇團編劇家為了新劇演出，央他作曲交由劇團巡迴演出，發表後便很風行。不久後那位劇作家因政治案件牽連，被政府槍斃，楊三郎驚懼會被連累，請好友作詞家周添旺重新填詞，改歌名為〈思念故鄉〉、重新寫了歌詞，才終於避禍。

所以說，如果用〈思念故鄉〉去搜尋歌詞，會找到兩種，歌名也混用或並列，以致難以

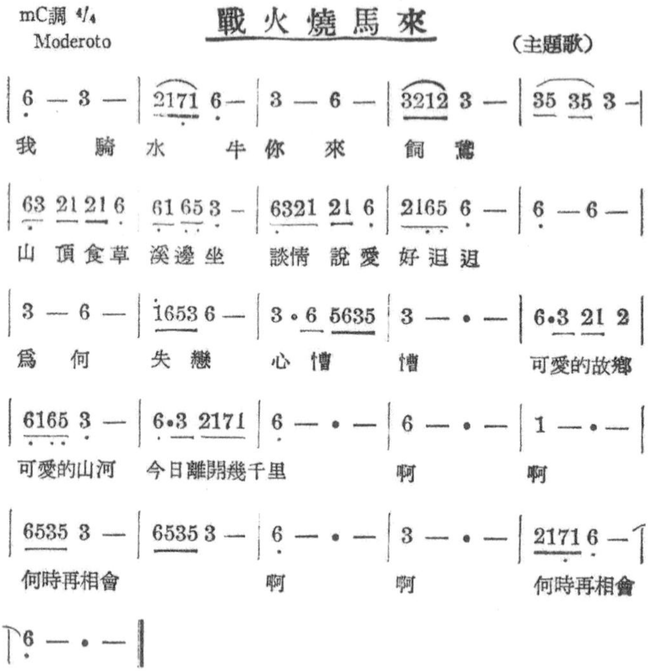
mC調 4/4
Moderoto
戰火燒馬來
(主題歌)
我騎水牛你來飼鵞
山頂食草溪邊坐談情說愛好迌迌
爲何失戀心憎憎可愛的故鄉
可愛的山河今日離開幾千里啊啊
何時再相會啊啊何時再相會

收錄〈戰火燒馬來〉的歌本《台灣廣播流行歌集》（施俊洲／提供）

識別其版本。

近年因為一九五四年印行的歌本出土，經過比對後終於確認，「我騎水牛　妳來飼鵝……」是〈戰火燒馬來〉的原詞，至於周添旺改寫的〈思念故鄉〉後來也有人唱，開頭是「山明水秀，天氣燒落……」，詞句經修飾而顯平穩風雅。

那麼，原名「戰火燒馬來」，是什麼「馬」、怎麼「來」呢？由於劇本不存，前輩也已經問不著了，這個問題一直無法突破。在詳讀原版歌詞幾次後，終於有了新靈感：歌名中既沒有馬也沒有來，或許是作為地名的

「馬來」——也就是「戰火波及馬來亞」的意思。換言之，當年該齣新劇，可能是二次大戰開打、日軍入侵中南半島的故事。

轉念後再聽原版歌詞，就能夠聽懂內容了。「可愛的故鄉　可愛的山河　如今離開幾千里」，歌裡反覆唱的那句，一直提醒我們：在臺灣根本沒有「幾千里」的距離，主角已經不在臺灣，很可能是被派往南洋作戰的臺灣青年，原本可能是因戰火徵調離臺，而荒廢田土、失去愛情與家庭的故事。

「戰火燒馬來」的劇本如今不知何在，假如有留下來，應會有更細節的訊息可以讓我們了解。當時的劇作家、歌謠家，用這個戲劇重現戰火的無情與老百姓的悲哀，卻在白色恐怖、長期戒嚴體制下，被修除了背景與情節，抽象化、去脈絡化之後，只留下濃厚的思鄉情懷，和難以辨別、模糊不堪的歷史記憶。

〈思念故鄉〉後來改編為華語版〈故鄉之歌〉，鑽石歌王林沖在舞臺上演繹聲嘶力竭，詮釋出悲愴的思鄉情緒，臺灣人的思鄉之歌會唱得如此沉重，或許是源自隔海千里、生離死別的戰爭苦旅。

「我騎水牛　你來飼鵝……我來播田　你來擔秧」在阿公阿嬤那一代臺灣人的心中，多半有著與世無爭、樸實營生的農村之夢，卻歷經烽火、讓人間難再圓滿。當美夢打破、歷史消散，那些曾經濃厚的情緒與記憶，都消失無蹤，離我們不止是千里之遙了。

1955

純情阮彼時

運河悲愁，失傳歌謠裡的幽靈

在整理過往音樂史料的過程中，時常會找到一些沒聽過卻深深讓我感動的歌曲，不管是感傷悲情曲，或是輕快跳舞樂，音樂響起、讓我聽得心神嚮往，音樂停歇，卻又燃起一些暢然：「唉這麼好聽的歌，怎麼失傳了呢？」

〈純情阮彼時〉曲譜（許石家屬／提供）

有好幾首來自臺南、與運河有關的歌，前後聽到，都讓我特別有類似的感觸，有時真想摘下耳機、扭開喇叭，或唱給大家聽聽看。比如有一首〈純情阮彼時〉，是在整理音樂家許石的唱片時聽到的，特別讓我深覺可嘆：

一
靜靜行到運河邊　看見月影照水墘
予阮想起彼當時　雙人甜蜜賞月圓
此是阮的青春幸福　純情真愛的過去
現在孤單阮無伴　只有月娘啊！佮阮相對看

二
月色青青照河岸　岸壁人影阮孤單
當時佮伊着作伴　半暝阮也毋知晚
這時放阮孤鳥失群　前途親像日黃昏
現在孤單阮無伴　只有海風啊！吹阮滿身寒

三
想起純情阮彼時　猶愿夜半月光暝
耳邊聲音只有伊　甜甜蜜蜜的情詩
你的情詩今何處去　變成海鳥聲聲悲
現在孤單阮無伴　只有月娘啊！知阮的心肝

這是首緩慢的三拍子華爾滋，句句歌詞緊緩接連，敘景思情環環相扣，構成漫步的動態情節：想起年輕時與愛人在運河邊甜蜜的看著月圓，抬頭看見明月如同停格一樣的與我相照面，陷入平靜、卻也最沉重的回憶。懷思過往之間，月光下恍然看見河邊的人影，對映自己的孤單寂寞，當時在此相依偎、夜再深都覺得溫暖，突然吹來了海風，竟覺得滿身寒冷。第三段突出了聽覺：在同樣的夜裡，想起曾聽見的甜蜜情詩，突然只有海鳥、唱著悲歌，能知曉我心情的就只有月亮了……。

我喜歡這首歌，不是歌詞有多精妙，也不是旋律多美好，而是詩意與旋律的密切搭配，讓人沉浸在運河夜景的愁思裡，無法自拔。我想，也許是出自於個人生命的記憶，又或者是因為文化累積，而有情景之間、物我之際的制約反應。

與一般歌謠作曲、先有詞再譜曲的慣例不同，許石常常是先作曲、再將音樂旋律請人填詞，他會將譜曲時的樂思、想說的故事告訴作詞家，填詞後再略修曲譜而成。這首歌的作詞者那卡諾，本名黃仲鑫，他是黑貓歌舞團的鼓手，作詞代表作是〈望你早歸〉，原來他也是臺南人，大許石一歲，都在五條港附近長大，還是讀同一公學校的學長學弟。這首歌是先有詞還是先有曲？已不可考，也許就是兩人共同懷抱的運河青春記憶吧。

文夏年輕時的運河悲歌

說到運河的歌，有一首也幾乎要失傳、而我很喜歡的，是文夏的〈運河悲歌〉。一般的流行歌歷史多認為，文夏是翻唱日本歌為主的歌手，他歌唱生涯確實唱紅許多日曲臺唱，不過在文夏出道初期，曾經展現相當傑出的音樂創作能量，當中可以聽見他獨特的音樂理念，例如〈飄浪之女〉、〈南國的賣花姑娘〉、〈流浪的樂士〉等等。

〈運河悲歌〉最早發表是收錄在文夏的蟲膠七十八轉唱片，由康榮如作詞、文夏自己作曲。歌詞是這樣唱的：

一　坐船孤單　半划（kô）半振動　河邊草花　見風搖搖弄
　　成雙白鷺　飛來也輕鬆　見景傷情　乎阮目眶紅

二　遊船雙雙　看阮相痛疼　昔日敢是　與你在同夢
　　今日孤單　怎樣永分離　目屎流落　船板苦傷悲

三　四面靜靜　替阮心稀微　無言無語　思念你一人
　　聽起歌聲　想起你回來　驚心越頭　後面是空空

這首歌是慢速的探戈節奏，也是見景傷情的憶往歌謠，語句對稱，相對較像是語調平穩的古典詩，語句與情感表述顯得直白，較易學易唱。主角坐在船上，漫不經心的撥弄著船槳，見鷺鷥往返的輕鬆貌，想起舊情：過往的相愛難道只是在同一場夢裡嗎？眼淚滴落在船板上。聽見歌聲，想著也許是你回來了，仍在船上呢，當然是不可能的事啊，轉頭看仍是一場空……。

多年後的文夏對這首歌仍記憶猶新，有次訪談關於臺南生活的回憶，一開始他就主動提起這首歌，在鏡頭前話不多的他，幽幽的唱著，接著便閉上雙眼陷入沉思。作詞者康榮如聽說是新化人，也是文夏的音樂同好，曾參與歌本的編輯工作，為歌本收錄的每一首歌畫插畫，聽說英年早逝，未能得知更多資料了。

與〈純情阮彼時〉的許石、黃仲鑫不同，〈運河悲歌〉顯得悲哀，猶抱著一絲重溫舊夢的願望，卻也因為這樣的望想，讓這份失戀不只能勾起孤獨感，仍銳利到足以害人淚流不止。

編寫〈純情阮彼時〉時，許石在臺北開唱片公司，那卡諾則隨黑貓歌舞團四處公

收錄於文夏自編出版歌本中由康榮如繪圖的〈運河悲歌〉插圖（文夏家屬／提供）

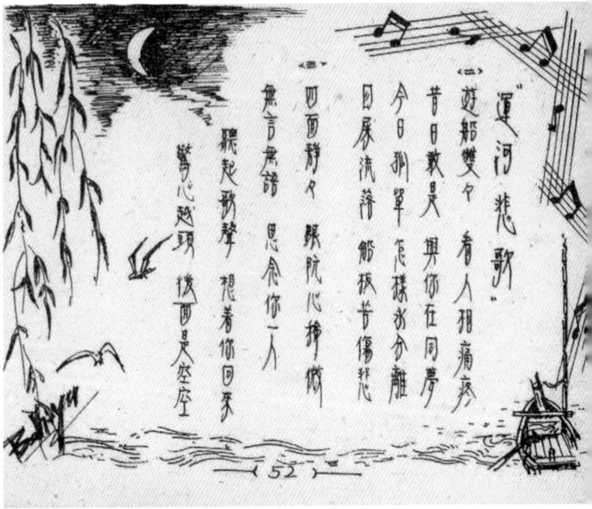

〈運河悲歌〉歌詞（文夏家屬／提供）

演，比他們小約十歲的文夏，則自組夏威夷吉他樂團，在臺南四處公演。兩首歌的情節類似、情愫卻有微妙的不同，或是年紀與閱歷使然，也可能是因個人與運河有著不同的距離，而與運河的哀傷愁思，有著親疏遠近、異樣的切膚感。

運河總在唱哭調

說到運河的哀傷情調，由來在臺灣歌唱、戲劇界廣泛流傳「運河哭調」，就已經為臺南運河定調了。臺灣哭調特別多，常冠以地名來辨別，運河哭調以藝旦與一名男子相偕跳運河的殉情故事聞名。這故事從一九三〇年代起，一直到八〇年代為止，被編演新劇、歌仔戲、電影、電視劇，編寫出版多套歌仔冊，發展成版本眾多的民間故事。

追溯錄音資料，日本蓄音器商會的利家廠牌唱片《運河奇案》，可說是最道地的運河哭調戲劇唱片。這套三片六面的套裝唱片，以說白為主，主要由男女兩人演出、弦仔作配樂，角色有女主角金環、男主角吳海水，另有妓女、兩名客人還有說明旁白，也是由男女主角客串。開頭的說明旁白，為這部「勸世悲劇」拋出戀愛與人生的大主題：

「這片就是愛情的新劇……啊……可憐代，咱有多情的男女，雖然有真實的愛情，每每受着舊禮教的家庭來束縛，或是受着金錢來支配，有的是受着環境來壓迫，袂動好達到最後的目的，若佮伊所愛的人倆人結成美滿的夫妻、創造完滿的家庭。

最可嘆，世界上有天真爛漫的女子，予人賣在煙花的所在，茫茫苦海，然後佮伊所愛的人袂動好結婚，又感覺到人生的痛苦，生出厭世的念頭，就佮伊所愛的人、一對苦命的鴛鴦相𤆬去情死……劇中的金環佮海水，就是這樣可憐的鴛鴦啦。」

接著金環出場，感嘆她落入煙花的情景，客人要求要喝酒、跳舞，每天都狼狽不堪卻無法脫身。她有位情人吳海水，有情有義，無奈沒錢沒勢，無法帶她脫離苦海。金環每演一段就唱一段，盡是唱「運河哭調」：

自古紅顏　多薄命　滿懷珠淚　苦在心
望咱永遠　來作陣　今日敢會　分双形。

吳海水聽她的愛人不斷的唱著哭調，便下決心要和金環相偕去跳運河，兩人穿過暗巷到運河邊會合，海水也對唱了一段：

〈運河奇案〉錄音（引自「臺灣音聲 100 年」）

妳咱真情底戀愛　恨伊月老苦催排
環境逼到這所在　甘心同死同骨埋。

接著說：「金環，咱倆人自今暗起就會動永遠來作陣啊，今咱已經來得到自由啦……」就這樣迎向他們苦命的終局。

關於跳運河的故事有許多版本，就連名字也各有不同，可以確定的是真人真事改編，且這起事件發生在運河開通後不多久，編作成新劇、唱片，也不知是誰作曲的這個曲調，就成為運河悲劇的主題旋律。

運河哭調旋律輾轉發展成不少歌曲，許石請許丙丁寫過歌詞，編唱成〈女性的運命〉：

一　女性的運命　親像水　有時流東流西　跍在恨海邊
只有孤月　隨阮行　只有海鳥來作伴　流落失戀岸

二　女性的運命　親像花　有時哭憔落枝　偎人籬笆邊
清香花蕊　誰人顧　只有黃蜂來作堆　墮落長流水

三　女性的運命　親像柳　有時榮華富貴　搖擺水池邊

〈女性的運命〉錄音（引自「臺灣音聲 100 年」）

青春的枝骨　誰人顧　只有風吹甲落雨　墜落煙花路

以流動的水、枯焦的花、搖擺的柳枝來比喻女性的命運，歌詞沒有太多情節，儘以月琴、笛聲伴奏，這兩樣常用於「藝旦小曲」的樂器，便足以作為這個深植人心慘劇的情節暗示了。這首歌曲將藝旦的悲慘命運，擴大成普天下女性命運的控訴，也感動了衷於自由戀愛、不同世代、不同地方的青年男女們。

新聞記事變成都市記憶，都市記憶再轉化成戲劇、唱成了歌，迴盪的聲音又變成一種深刻的感觸。這些故事與聲音不斷轉化演繹，脫離了既定的情節框架，蓮花化身，又回到運河邊，迴盪在空氣中，成為飄搖不散的幽靈。

當這些運河的旋律漸漸失傳，故事不再被傳訴，戀愛與身軀的自由也成理所當然，而毋需為之拚搏犧牲的當代，運河邊飄盪半世紀的幽靈似乎是漸漸消散了。假如……假如那幽靈未散，純情那時的運河悲歌，肯定還是在暗夜河邊的某個角落裡，被輕輕吟唱著吧。

延伸閱讀

許朝欽，《五線譜上的許石》，華風文化，二〇一五。

黃裕元、朱英韶，《百年追想曲：歌謠大王許石與他的時代》，蔚藍文化，二〇一九。

1959

黃昏的故鄉

臺灣歌謠日本化，日本歌謠臺灣化

在我們聆聽臺灣近代歌謠的經驗裡，有個始終揮之不去、飄忽不定、卻時而籠罩的陰影，該是種享受、卻又帶點困擾，想要保持距離，卻又不得不去喜愛……這裡要說的，是關於歌曲當中幾乎無所不在的「日本因素」。比如說，常常在聽到一首好聽的歌，感動到頭皮發麻、頭殼裡反覆繚繞、久久方能回神之後，看詞曲資料發現：「哎呦！是日本歌改的」這樣的經驗應該發生太多太多次了，開始是失望，後來變絕望，日子久了，反倒在意外揀到一首好聽的老歌、看到詞曲資料時會說：「哎啊！這首歌竟然不是日本歌……是臺灣人寫的喔……」

歌手陳芬蘭與亞洲唱片管絃樂團（郭一男／提供）

確實，許石作曲的〈夜半路燈〉，還有楊三郎作曲的〈臺北上午零時〉，是我個人特別愛唱的歌。這樣好聽但知名度不高的土生土長歌曲，很多人猛然一聽，常以為是日本歌改編來的。

這樣的經驗對愛聽歌、愛唱歌、充滿自尊心與認同感的臺灣人來說，不免是缺憾，最有名的公案——〈黃昏的故鄉〉，就是一例。這首感動無數臺灣人的老歌，讓人想起午后媽媽呼叫回家吃飯的喊聲、還有那之後的飯菜香，也令人想起家國的殘破、國際孤兒的現實與無奈，在臺灣社會流傳之廣、感動之深，被公推為國歌也不意外。但回過神後，大家發現——〈黃昏的故鄉〉原曲是日本歌，甚至連歌詞的內容、字句，都和日本原曲差異不大。

酷愛此曲的大眾，仍時常藉這首歌來抒發情懷，但說到要競選國歌，支持者只能悻然收斂，以免喪權辱國。話說回來，臺灣現下的政府是從中國來的、總統也沒規定要臺灣出生，選一首日本歌來當臺灣國歌，似乎也不那麼糟糕的事。但是，政治情勢難以如意便罷，唱歌唸曲是開心樂暢、為所欲為的事情，卻還要遭到「外來殖民」，實在是該坦白檢討、自我批判一番才是。

臺灣唱歌的日本血源

關於臺灣歌謠的日本血統這件事，自然應該回溯歌謠發展的歷史來理解。在此姑且從個人淺薄的研究經驗，提出一個概念性的大膽說法：「從歷史脈絡來看，臺灣人會『唱歌』，

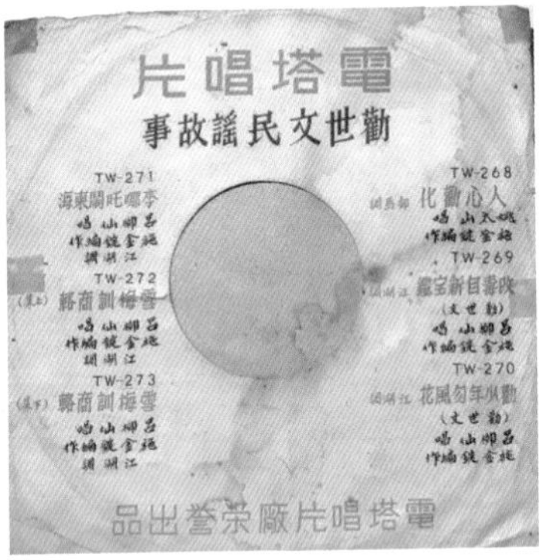

電塔唱片出品之〈勸世文〉黑膠封套底面。（胡楠／提供）

江湖調有許多專輯出品，圖為電塔唱片出品之〈勸世文〉黑膠。（胡楠／提供）

基本上就是日本人教的。」

這樣一說眾人肯定很不服氣：臺灣的漢人不是有歌仔、七字仔、山歌，原住民更厲害，阿美族、卑南族擅長唱跳歌舞，布農族的八部合音舉世震動……確實，臺灣在地的音樂文化多元豐富，廣義來說，也都是歌唱文化的一種。不過，前述「唱歌」二字是有附帶條件的，專指的是「現代式的歌唱」，其內外具有三大特色：一、固定的詞曲，二、樂器與合唱的和聲，三、普及性的教育或商業功能。

早期臺灣不同族群的歌唱，多半是即興發揮的，且帶著濃厚的地域性或是特定的儀式性。廿世紀社會結構改變，現代性的唱歌隨之普遍化，分析起來有兩個脈絡最為顯著：首先，是日本人在臺灣建立了「唱歌」教育——一八九八年開始設立的公學校便設有「唱歌」科，持續到統治結束由國民政府接手；再來，是唱片透過日本公司引進臺灣——一九〇七年

〈沙鴦の鐘〉的詞曲譜（引自國立臺灣圖書館）

沙鴦的部落曾設立「沙鴦の鐘」紀念（引自國立臺灣圖書館）

日米蓄音機會社在臺建立據點，也就是後來的臺灣古倫美亞，一九二〇到三〇年代，唱片業蓬勃發展，發展出唱片流行歌，當時在臺流通的所有唱片，沒有一張是臺灣製造的，幾乎都是在日本壓製。總體來講，教育與大眾媒體、流行文化的發展，建立了近代歌唱的社會平臺，而臺灣的歌唱平臺，基本上是日本人搭起來的。會不會是這樣的歷史進程，註定了臺灣歌謠至今仍無法揮別的日本血統？

這麼一說，肯定也有些內行人跳出來反對：日本時代的臺灣流行歌可幾乎都是本土創作，戰後初期才大量翻唱日本歌，看來是戰後才「學壞」的。事實確是如此，但回歸到時代背景推想，一九三〇年代受過教育的臺灣青年個個都會講日語，對他們來講，唱日本歌曲也是自然而然的事，現今年紀大概九十歲以上的長輩，多半會唱些日本歌，〈沙鴦の鐘〉、〈海行かば〉、〈露營の歌〉，就連一些西洋名曲也常是翻譯成日語來唱。也就是說，臺灣社會的近代唱歌文化是在日本時代打下基礎，唱歌的內容基本上也與當時的日本歌高度相關。

於是在同一時間興起的臺語歌壇，基本上沒有翻唱日本歌的必要，因為大眾本來就通曉日語、傳唱日曲，甚至日語相對本土語言，更習慣被使用在「唱歌」上。臺語歌開始創作發表時，是唱〈望春風〉、〈雨夜花〉、〈桃花泣血記〉、〈人道〉，以青年男女、都會風情和電影歌曲為訴求，後來加強了本土歌唱元素歌仔與小曲，發展出〈心酸酸〉、〈雙雁影〉、〈白牡丹〉等流行小曲，另外也有許多翻唱自上海華語歌曲的歌，比如〈桃花鄉〉、〈戀愛風〉。基本上，那時的臺語歌是與日本流行歌並行運作、不相衝突的兩個市場，而在製作上較為成功的典範，多半是較為鄉村、古樸，類似歌仔的傳統風格。

這現象不難理解，六〇年代至今，「華語」與「臺語」也是兩個不同語言別的流行歌市場，各自經營不同的族群，有其不同的音樂特色與詮釋習慣。而臺語歌也較傾向於鄉村、訴求親情的溫暖，並較常闡述中下階層的生活樣貌與質樸無華的情感。此為臺灣這種語言多元社會自然而然的流行市場現象。戰後語言與歌曲的關係進入新時局，國民政府接收臺灣後即進行反日、消滅日語政策，日語歌曲唱片不得代理販售，在日本歌不得其門而入的情況下，將最新流行的日本歌譯成臺語，成為新的流行文化作法。比如戰後初期特別轟動的日本電影〈愛染桂〉、〈請問芳名〉，陳達儒、康榮如等作詞家把裡面的歌曲翻唱成臺語歌，成為戰後一批相當流行的日語翻唱歌曲。另外，戰後初期日本特別風行西洋爵士歌調，多半也都翻唱作臺語歌，像〈東京安納〉、〈黃櫻桃〉，較傳統日本情調的〈黃昏嶺〉等等，都是一時風行的作品。但在此同時，唱片公司發行的七十八轉蟲膠唱片仍有許多本土創作曲調，那時剛踏入唱片界的文夏，便以自創的〈飄浪之女〉、〈悲戀〉出道。

臺語流行歌的黃金年代

一九五七年之後塑膠唱片出現，唱片改採密軌、細針電唱機播放，一張唱片從收錄兩首到變成八首，且輕便耐聽，大幅降低了唱片消費的成本，音樂市場結構自然隨之變動。為支應大幅擴張的市場，唱片公司直接取用現成的、為大眾所熟悉的新舊日本歌曲翻唱成臺語歌，保證音樂品質，更可省卻作曲、編曲成本。於是第一線的音樂工作者不再埋頭做詞作曲，而是由專人赴日本買唱片，挑選取目、填寫歌詞，再由編曲家按原曲配樂寫總譜，歌手練唱後，便完成灌錄準備。〈媽媽請妳也保重〉、〈再會啦港都〉、〈快樂的出帆〉、〈孤女的願望〉、〈可憐戀花再會吧〉、〈素蘭小姐欲出嫁〉、〈田庄兄哥〉、〈懷念的播音員〉……相繼流行，其中甚至有直接拿日本輕音樂唱片當襯樂，像唱卡拉OK一樣地灌錄，便可做成新歌上市。這樣以「日曲臺唱」為主的經營方式，成本低廉，又幾乎是市場保證，於是唱片業開展了本土流行歌的黃金年代，卻埋沒了本土音樂人才。在這樣的背景下，蘇桐去巡迴賣高家種子丸，姚讚福一家得窩居在臺中公墓旁邊，楊三郎、陳秋霖在歌壇都無用武之地，文夏、洪一峰、吳晉淮三位當紅歌星，都是具作曲實力的歌手，他們的歌唱生涯卻多在唱日本曲。聽說，〈舊情綿綿〉、〈思慕的人〉，還是葉俊麟多次拜託唱片公司老闆，才有辦法製

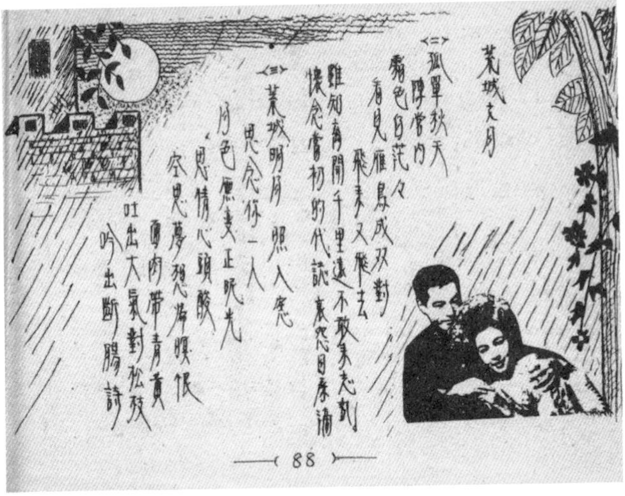

歌本中的臺語版〈荒城之月〉歌詞（郭一男／提供）

作發行。雖然日曲臺唱壓縮了本土作曲界，從長期歌謠發展的角度看，有其道德上的瑕疵，這些歌無論在市場上或音樂上，建立了臺語流行歌曲最輝煌的時代，卻也是不爭的事實。此外，這些歌曲是經過唱片界的挑選、作詞家的創作、編曲家的改編以及市場的汰洗，與日本原曲之間自有其或大或小的差異。

就作詞而言，當時最具代表性的，主要有文夏個人作詞演唱的歌曲，以及葉俊麟為眾多歌星編寫的大量作品。文夏的改編多保留原曲的風味與情節，特別把日本風味的流浪、孤寂、行船人、賣花姑娘等情調，原封不動地重現於臺語歌曲中，多層次地豐富了臺灣音樂品味。葉俊麟則時常自我發揮，加入個人靈感與本土社會情節，注重押韻與故事結構，刻化戰後臺灣的本土社會文化特色，也表現出本土歌謠文藝的巧思。

從音樂的角度來看，在臺灣能成為全民記憶的歌曲，主要是以大調五聲音階（以簡譜音階 12356 為主旋律）為主，至於日本演歌情調濃厚的小調五聲音階（以簡譜音階 67134 為主旋律），像〈荒城之月〉、〈秋風女人心〉等等，在臺灣市場的流行程度相對並不高。所以我們可以說，臺灣人雖然翻唱日本歌，在音階調性的擇取上，仍保持其頑固的傳統歌謠概念。至於日本歌曲中的新節奏、新配樂形式等等，布魯斯、恰恰、吉魯巴、阿哥哥，還有日本地方民謠……各式各樣，隨著翻唱、抄襲的過程，快速地學習、更替，豐富了臺灣人的音樂生活。

日本歌謠的臺灣化之路

在流行音樂的領域，透過翻唱與改編，某個旋律跨越了語言界限，是極其普遍的現象，六〇年代唱片界以翻唱為主要曲源，獲利沒能回饋到創作層面，排擠了本土作曲家的生存，基本上是過度炒短線、不健康的現象，當然應該批判、反省。不過，我們在日曲臺唱中，卻仍可聽得到臺灣的本土性格，畢竟這些歌曲，也是經過臺灣千萬大眾的耳朵鑑定、心靈共鳴，方能跨越世代，成就經典。就像〈黃昏的故鄉〉，即使無法擺脱外來者的過去，改編成臺語歌之後，這首歌深刻挖掘了臺灣人的生命經驗與情感內裡，參與了歷史進程，你又怎麼能不愛它、說它是一首道地的「臺灣歌」呢？

日曲臺唱的現象，反映了臺灣人久久無法擺脱被殖民的歷史經驗，也反映在這個市場不大、族群文化豐富的島嶼上，大眾文化發展的艱苦歷程，不客氣地說，這是過去身為第三世界、且市場狹小的臺灣，不得不的宿命。不過，透過翻唱與流傳的歷史過程，這些日本曲已經本土化、在地化，成為臺灣歌唱文化中重要而無法割捨的一部分。我們打從心底愛聽、愛唱，藉這些歌來抒發情感，讓這些歌陪我們哭、陪我們笑，反映我們的痛苦，見證我們的驕傲……參與這樣的歷程，無論從哪裡來，都應該大聲地說，她們是「咱正港的臺灣歌」。

延伸閱讀

陳培豐，《歌唱臺灣：連續殖民下臺語歌曲的變遷》，衛城，二〇二〇。

1961

三年

禁禁禁！這些帶顏色的歌兒

關於臺灣歌曲歷史的研究，無論愛不愛聽老歌，大家總是對「查禁歌曲」話題特別感興趣。不過禁歌說來簡單，認真分析起來是極其複雜，而且跟著時代發生許多的轉折。從歌的角度來看，有的是明文查禁，有的是列冊查禁，有的是「下條子」私底下被禁的，或說是被「封殺」的。

台灣警備總司令部代電

(50)儆偵字第一五九號
中華民國五十年四月　日

受文者：台灣省警務處

事　由：為核定查禁國語歌曲二五七首請查照

一、茲依據臺灣省戒嚴期間新聞紙雜誌圖書管制辦法第三條有關各款暨行政院四十九年十月十八日台四十九法字五八六三號令之規定，核定查禁[illegible]等國語歌曲二五七首。

二、右項查禁歌曲，禁止錄音、灌片、播唱、演奏及刊載流傳，違反規定者，除扣押其出版物品外，並得依有關法令之規定議處。

三、特請查照。

四、本件副本抄送內政部、教育部、交通部、行政院新聞局、國防部總政治部、國立音樂研究所、中華民國音樂學會、陸、海、空、聯勤四總司令部、憲兵司令部、臺灣省政府教育廳、新聞處、各縣市警察局、鐵路、公路警察局、保警第一、二總隊、各民防指揮部、各警備總隊、金門、連江兩縣政府、本部保安處、民防處、電監處、臺灣省各縣市文具圖書公會。

總司令陸軍一級上將　黃　杰

《查禁歌曲》公文

不管如何，有個明確的文獻總是下手研究的入門。一九六一年警備總部首度集結編輯的《查禁歌曲甲編》，就是查禁制度整備過程的關鍵文獻。

這本表面低調無華、裡面卻有聲有色的書，封面印註明「中華民國五十年四月」印行，足足有三百二十一頁。翻開第一頁是「臺灣警備總司令部」發給「臺灣省警務處」的公文，事由為「核定查禁國語歌曲二五七首」。這些歌經由許多軍政機關、音樂機構聯合審查，判定十項「查禁原因」，以「戒嚴期間新聞紙雜誌圖書管制辦法」禁止錄音、灌片、播唱、演奏及刊載流傳，否則扣押出版品並論處。目錄當中更列名每一首歌的「歌名」、「調號」、「作詞作曲」、「查禁原因」等等，接著就是每一首歌的簡譜及歌詞。

這時臺灣市面上不缺歌本，這樣大本的、樂譜記錄又這般精準的，卻是相當罕見。整體看當時的查禁歌曲，十則的查禁原因說來都有些籠統，但整體來分，大概可以劃作三種顏色：灰色、紅色、黃色，各舉幾首收錄其中的歌曲作案例略加解析。

灰色歌曲——三年

〈三年〉，因為字少筆劃少，名列榜首，在新聞報導中也成為標題，當年這首歌非常流行，也可說是這批禁歌的代表。李雋青作詞、姚敏作曲，一九五八年李香蘭演唱的電影歌曲，在香港發表後很快就隨著電影紅到臺灣來。

左三年　右三年　這一生見面有幾遍
橫三年　豎三年　還不如不見面……

看到歌詞、很多人都會唱吧。為什麼要禁呢？表格中明白刊印，是犯了號次三、十兩條：「詞句頹喪影響民心士氣」和「幽怨哀傷有失正常」。這首歌望穿秋水、肝腸寸斷，在「偉大領袖」不斷鼓吹全民動員，全力要「反攻大陸」、「解救大陸同胞」的當時，確實不合時宜，被禁，說實在也不冤枉。

後來有一個說法，當時政府有個口號：「一年準備、兩年反攻、三年掃蕩、五年成功」，香港傳來這首〈三年〉，三年又三年，好像是唱衰口號不實一樣，應該說政府也是心虛無法做到，唱者無心、聽者有意，就這樣被禁了。

或許真是這樣，在發表傳唱三年之後，這首歌被政府查禁了。

跨越兩個時代知名的明星李香蘭
（李曉彤／插圖）

紅色歌曲——花樣的年華

兩百五十七首這麼多，拿歌名去查youtube，很多都聽得到，不過多半大家不太熟悉。現在仍有人會唱的，比如周璇的幾首名曲：〈四季歌〉、〈天涯歌女〉、〈花樣的年華〉。這三首分別犯了兩條，共六條都不一樣：

〈四季歌〉（春季到來綠滿窗　大姑娘窗下繡鴛鴦……）是「荒謬怪誕」、「意境誨淫」。〈天涯歌女〉（天涯呀　海角　覓呀覓知音……）是「抄襲共匪曲譜」、「詞句頹喪」。〈花樣的年華〉不但是「幽怨哀傷」，更犯了「意識左傾、為匪宣傳」這款天條。

這三首歌都是對日抗戰故事的電影歌曲，富有抗戰精神，理應受到政府支持才對。不過短短幾年、時過境遷，對歌曲的看法也天南地北。且聽〈花樣的年華〉的歌詞：

花樣的年華　月樣的精神　冰雪樣的聰明
美麗的生活　多情的眷屬　圓滿的家庭。
驀地裡這孤島　籠罩著慘霧愁雲　慘霧愁雲
啊　可愛的祖國　幾時我能夠　投進您的懷抱
能見那霧消雲散　重見你放出光明
花樣的年華　月樣的精神。

讀罷歌詞，再衡量這時的臺灣局勢，總該知道為什麼被禁了吧……「大人～～冤枉啊～～」這首歌是講抗戰故事的電影歌曲，那時中央政府還沒被趕到「孤島」來，寫的是抗日戰爭期間游擊隊的故事。故事裡感嘆家庭因戰爭而未能圓滿，只是情勢幻化難以逆料，「慘霧愁雲的孤島～～」這句詞，對十年後的臺灣軍民同胞來說，真是情何以堪。這麼棒的一首歌，在臺灣就是不合時宜，沒辦法公開演唱。

同樣的道理，賀綠汀作曲的抗戰藝術歌曲〈嘉陵江上〉，放到臺灣也過度「幽怨哀傷」，而被要禁。

歌本當中也不全都是可唱的歌，目錄裡有幾首是早先就被明文查禁的樂曲，如國樂協奏曲〈漁舟晚唱〉，早在一九三〇年代即被創作，因為被中國共產黨採用為宣傳主題曲，以「抄襲共匪宣傳作品之曲譜」為由被查禁。要將協奏曲〈漁舟晚唱〉列進這歌本可是大費周章，分列了九種樂器的簡譜，前後共三十二頁，編輯別出心裁，專業水準之高可見一斑。

黃色歌曲——我要你的愛

政府都是自居為正人君子的讀書人所組成，他們平常最忌諱、最感

《查禁歌曲・甲編》的全數歌名（引自「臺灣音聲100年」）

冒的就是放蕩無禮的民間藝人了，既然要查禁，「黃色歌曲」自然就成為禁歌目錄的大宗。

從當時的報章媒體來看，「黃色歌曲」更可說是查禁制度的「初衷」。單就歌名來看，〈想出嫁〉是「意境誨淫」，〈想發財〉屬「荒謬怪誕」，〈想媳婦〉「文詞粗鄙」，都查禁。〈搖擺樂〉、〈搖擺熱舞〉、〈我愛恰恰〉、〈蓬切切〉、〈狂舞〉……還有「加力騷」、「蓬拆蓬拆」、「猛步」（曼波）等等名詞，一看就知道是當年的舞曲……連〈我愛芭蕾舞〉，都一樣犯了「曲調狂盪危害社教」一條。

這類歌曲大家最熟悉的，就是〈我要你的愛〉，還有一首青春有活力的〈大姑娘進城〉，因為「文詞粗鄙」、「內容荒謬怪誕」被查禁了。

總體來看，大多數是電影歌曲，這也是當時流行歌曲的主要來源，另外還有一些學院派的藝術歌曲，就內容來看，悲傷的、狂樂的，怪誕的、放蕩的……這些歌到現在有的聽起來仍覺得刺激，有的被禁得莫名其妙。

關於語言與族群

值得注意的問題是，在《查禁歌曲甲編》中，臺語歌曲只有一首〈百家春〉，記在「閩南民謠、郭芝苑編曲」的帳上，這首歌是北管小曲改編而成的合唱曲，因為「幽怨哀傷」而被禁。

當代常有人以為，戒嚴時代的禁歌主要是查禁臺語歌，事實上，禁歌目錄開始幾乎是沒有臺語歌的，關於臺語歌曲被查禁的這檔事，是查禁制度上路後，才逐漸展開。可以想像的原因是，負責開會的評審委員都是外省人——不懂臺語，另一方面，對懷抱反共大陸政策的政府來說，著重而嚴控的畢竟還是外省軍民的耳朵與意志。

不過從媒體控管的角度來看，益加束緊的獨尊國語政策，逼使使用本土語言歌曲與娛樂活動退出大眾媒體，總體來看，臺語、客語等本土語言歌曲都成為廣義的禁歌了。

1961

媽媽我也真勇健

勁歌，翻唱流行歌的查禁與盛行

文夏有首歌曲叫〈媽媽我也真勇健〉，在一九六一年走紅，歌名從他早先的名曲〈媽媽請您也保重〉接續過來，曲調輕鬆，歌詞講的卻是在外島的臺灣阿兵哥的故事。

這首歌可說是我親身採訪的第一首翻唱歌曲故事。猶記得一九九八年拜訪編曲家莊啟勝時，莊老師從他的收藏箱底下，翻出它的日文原曲〈鄉土部隊の勇士から〉曲盤，圓標上印著總督府、椰子樹、媽祖廟的昏黃遠影，我永遠記得，那是我親手拿起的第一張曲盤。沉甸甸地在我手上，莊老師說那時他是如何與文夏翻唱這首歌、又是如何被禁，講得眉飛色舞，直像是他年輕時的一頁輝煌往事。

〈鄉土部隊勇士的來信〉曲盤（莊啟勝／提供）

後來我採訪陳和平老師，他告訴我關於這首歌的另一件奇聞。他說這張唱片剛推出時市場反應平平，後來政府機關獲悉這首歌曾是日本軍歌，立刻嚴令查禁，沒想到這一來反而因禍得福，不但唱片被搶購一空，銷售量節節高升，許多人也經常私底下偷偷哼唱。

經查後續資料發現，解嚴之後的歌曲審查會，〈媽媽我也真勇健〉仍查禁在案，據說是一九九一年查禁歌曲全面「大赦」，才終於出獄解禁，堪稱是跟著禁歌制度始終，被禁最久的一首臺語歌。

禁歌之議

這首歌紅的時候，八二三砲戰（一九五八年八至十月間最為激烈）剛平息沒多久，「單打雙不打」的衝突逐漸日常化，在金門馬祖當兵想必要枕戈待旦，抵抗砲火有所覺悟，平時還得挖坑洞築工事。〈媽媽我也真勇健〉這首好聽又洗腦、貼切表現自己處境的歌，很快就在部隊裡傳開了。

歌是在走紅了之後才被發令查禁的。一九六一年四月，警總雷霆發布二百五十七禁歌目錄，當中還沒有這首歌，在那年的六月，歌壇前輩周添旺在《聯合報》投書評論臺語歌的整體發展，或許是當中的重要轉折。

周添旺在文中全面評論當時臺語歌曲發展的問題，特別提到兩點。首先是歌詞直譯的情況，他指出：「現在的臺語歌曲，百分之九十以上都是用日本曲調或翻譯日詞，有的還將日

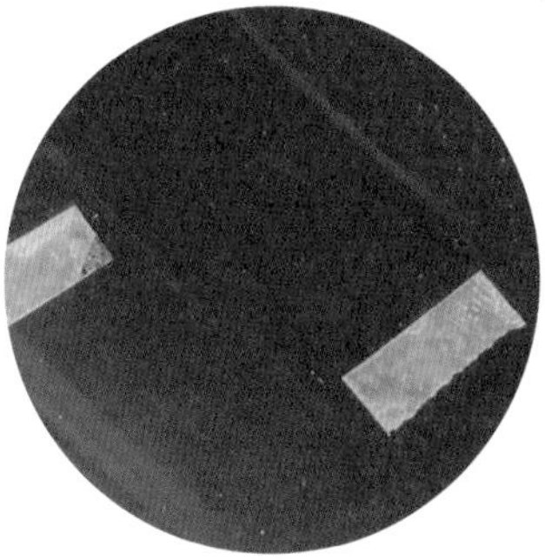

音軌被破壞的〈媽媽我也真勇健〉唱片。

被畫線註記的圓標〈媽媽我也真勇健〉

本地名，風俗等完全直譯，例如『銀座』『長崎』『有樂町』『馬車』等，有的譯不出來的部份，乾脆就照日語來唱，例如『長崎』『蝶蝶』『卡膜脈』『沙容』等，都常插入臺語歌詞中，而將日本原曲錄音，這成了什麼臺語歌曲呢？」

愛唱臺語歌的應該知道，他點到的歌曲大概就是〈長崎蝴蝶姑娘〉、〈快樂的出帆〉，還有〈殉情花沙蓉〉三首歌。添旺仙特別批評的第二點，是軍歌調的還魂現象，他直接點出歌名，直指〈殉情花！沙蓉〉「是前番本省山地同胞受日軍徵召出發時，在中途不幸墜落溪中而葬身的山地之花的讚歌『沙容之鐘』」，〈媽媽我也真勇健〉「是日軍徵召臺灣同胞在營中的歌曲，『鄉土部隊的勇士來信』翻譯而來的」。

他指摘這些歌是「日本軍歌調的借屍還魂」，強調「絕不能苟同這樣的翻唱歌曲」。

周添旺的這篇投書，主要是有感於當時警政單位發布查禁歌曲目錄，卻僅收錄華語歌曲，沒有處理臺語歌曲，眼見年輕人跟著新一代歌星演唱日本軍歌曲調，

日治時期的人氣歌手松平晃（引自國立臺灣圖書館）

〈鄉土部隊の勇士から〉曲盤錄音（引自「臺灣音聲 100 年」）

唱片還大發利市，周添旺發文撥亂反正，闡述其歌謠改革的理念，自有其論述的理路與立場。

易容的阿兵哥

接著我們來實際比較，〈媽媽我也真勇健〉的原曲與翻唱歌詞的異同。日文原曲〈郷土部隊の勇士から〉（鄉土部隊勇士的來信），出自一九三九年日本古倫美亞公司發行的唱片，作詞者中山侑、作曲者唐崎夜雨，原唱是歌手松平晃。歌詞全文有四段：

一　島のバナナが　喰べたいと　若い戦友の　独り言
　　戦の済んだ　ひと時は　僕も曙　喫いたいな
二　月の露営の　歩哨線　遠い夜空の　海越えて
　　椰子の葉茂る　故郷が　いつか瞼に　蘇る
三　（合唱）島で鍛えた　勇士らは　トッテモハリキリ　元気だと
　　敵前上陸　お手のの　長江千里も　意気でゆく
四　銃にかなした　日の丸も　汚て黒く　なったけど
　　（合唱）蔣介石の　本陣に　キット立てるぞこの旗を

歌詞是一封信的內容，是一位被派去中國戰場上、臺灣成長的日本軍人寫的，他想要吃香蕉、想抽臺灣特產的「曙」牌香菸，夜晚露營站哨時，眼前彷彿看見椰林繁茂的故鄉——臺灣。他說自己非常精壯，是經過訓練的勇士，戰意高昂，決心要把日之丸的國旗豎立在「蔣介石本陣」上，貢獻日本帝國的勝利。

這首歌的歌詞，直搗中華民國政府的黃龍，可說是冒大不諱，知道了原曲是這樣唱的，那被查禁似乎也就沒有話說了。

再來看文夏、莊啟勝是怎麼翻唱的，他們改寫了歌詞，以「愁人」為筆名發表。

一　新味的巴拉那若　送來的時　可愛的戰友呀　歡喜跳出來
訓練後休息時　我也真正希望　點一支新樂園　大氣霧出來

二　月光暝住在營內　站崗的時　遙遠的故鄉也　乎阮來想起
小弟弟小妹妹　親愛我的阿母　恁這搪怎樣啦　快樂過日子

三　阮就是寶島男兒　做阿兵哥　在軍中真勇健　請你免掛意
坐船也爬山時　這款不在眼內　不時都真康健　勇敢的男兒

四　再會呀我的寶島　船若出帆　希望會再相會　請您也等待
過一年八個月　彼時我會返來　請大家也保重　媽媽再會啦

臺語歌詞〈媽媽我也真勇健〉，主角的身分是被派到外島當兵的臺灣阿兵哥，香蕉送到了、大家都很開心，「曙」牌香菸改為「新樂園」，作戰改為訓練。他的家鄉除了椰林景緻外，還有小弟、小妹和媽媽，軍中生活也感到樂趣。他的目標不是奮勇挺進，而是「一年八個月」後要返回家鄉，一家團圓。

這樣的改編，徹頭徹尾、從裡到外，把戰時駐紮中國戰場的日本軍人「易容」成戰後在臺灣外島部隊當兵的臺灣青年，樂觀開朗、敬業樂群。經這番「易容」後，似乎除了歌壇前輩外沒人認出來了，推出市面大唱特唱。

可惜終究逃不過中華民國政府的「法眼」，這首軍歌不但被認出是「別

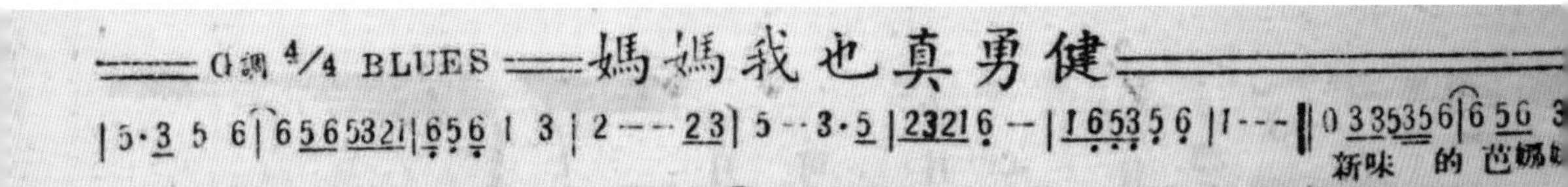

G調 4/4 BLUES
媽媽我也真勇健
一、
新味的芭娜娜若送來的時
可愛的戰友也歡喜跳出來
訓練後休息時我也真正希望
點一支新樂園大氣霧出來
二、
月光暝站在營內站崗的時
遙遠的故鄉也給阮來想起
小弟弟小妹妹親愛我的阿母
您這褡怎樣來快樂過日子
三、
阮就是寶島男兒做阿兵哥
在軍中真勇健請您免掛意
座船也爬山頂這款不在眼內
不時都真快樂勇敢的男兒
四、
再會呀我的寶島駛若出帆
希望會再相會請您也等待
過一年八個月彼時我會返來
請大家也保重媽媽再會啦
作詞
編曲
文夏 唱

歌本中〈媽媽我也真勇健〉附有阿兵哥插圖（郭一男／提供）

人的歌」，更是「敵人的歌」，嚴加查禁也是必然、並不算「冤枉」。

不過就這首歌而言，卻仍有需要討論之處。

眾所周知，至少歌謠界的人應都明白，這首所謂的「軍歌」乃是歌謠先賢鄧雨賢的曲作。鄧雨賢一九三九年在日本古倫美亞唱片以「唐崎夜雨」之名發表這首作品，名為〈鄉土部隊勇士から〉（鄉土部隊勇士的來信），唱片背面也是他作曲的〈月のコロンス〉（月昇鼓浪嶼），這歌也是在同一時間被文夏翻唱為〈月光的海邊〉，一同發表。

值得商榷的是，雖然出身為「日本軍歌」，確實有「戰爭協力」的背景，從現在的角度來看，這首出自我們公認「臺灣歌謠之父」鄧雨賢的作品，能算是「別人的歌」嗎？身為軍歌，又能算是「敵人的歌」嗎？

時空背景放在一九三九年的臺灣，這首歌當然還是「自己的歌」、「戰友的歌」，在經過政權轉換之後，就變成了「別人的歌」，甚至變成了「敵人的歌」了。對臺灣人來說，同樣好聽、同樣反映了自己的心情，只是這首歌到底是敵是友，已經糊里糊塗了。

殉情花！紗容

接下來我們再聽聽添旺仙點名的另一首歌〈殉情花！紗容〉。這首歌翻唱自一九四一年底發表，西條八十作詞、古賀政男作曲的日文歌〈サヨンの鐘〉（沙鴦之鐘）。臺語版的歌詞這樣唱：

一　花紅葉青深山內　風景真明美　有一位純情花　可愛的女兒
為著情義甘願來　犧牲了自己　啊　斷送了青春性命　啊　紗容

二　暴風大雨落未停　崙後透山前　要找著好情侶　心急無安靜
無疑天公無做情　完結了一生　啊　可憐的殉情女性　啊　紗容

三　一心一意為情愛　期待好將來　誰知影是一蕊　薄命的花栽
一切是天來安排　引起人悲哀　啊　落花後又留香味　啊　紗容

關於〈沙鴦之鐘〉的故事原型，是一位送行從軍老師而不幸落橋遇難的少女，她獲得臺灣總督府表揚，立鐘紀念，後創作成一首優美的流行歌曲。歌曲走紅後又拍成電影，女主角李香蘭還因此來臺拍片，被傳奇化的故事，讓這首歌帶著極濃厚的「戰爭協力」色彩。

在戰後臺灣第一波本土電影浪潮興起，臺灣人掌握到導演筒時，很快就把這個故事重新搬上大銀幕。一九五八年三月上映成臺語電影《紗容》，編劇周金波把故事改編成是山地原住民姑娘紗蓉為愛殉情的故事，亞洲唱片也由葉俊麟填詞、林禮涵編曲，張淑美主唱，將〈サヨンの鐘〉翻唱成臺語歌曲〈殉情花！紗容〉。

一樣的曲調——古賀正男、相同的主角——沙鴦、類似的情節故事——殉難，不過這次沒有了「李香蘭」、沒有那口政府頒給的「鐘」，而改編為了情愛、情侶而犧牲的「純情女性」，在葉俊麟的手中脫胎換骨，成為新的本土故事。

再實際比較渡邊濱子的〈サヨンの鐘〉與張淑美演唱的〈殉情花！紗容〉（後改名為〈紗容〉）的原版錄音。相距二十年、語言不同，兩首歌雖然是同一個曲調，音樂歌聲之中又有一些微妙的差異。

〈サヨンの鐘〉的編曲是相當明快的，甚至有點進行曲的味道，一直到最後一段唱完了才出現鐘聲，就連鐘聲也是明快富有節拍。〈殉情花！紗容〉開頭則加入四聲響亮、穩定的「鐘聲」來破題，音樂當中除了一般的管弦樂之外，還加上夏威夷吉他，伴奏間加入比較多的小提琴，整體速度顯然也比較慢。

所以說，透過歌詞與整體編曲的改編，〈殉情花！紗容〉把這首具有軍國主義色彩的歌曲，去除強烈的節拍，加上浪漫的聲響、多元的樂器配置，而成為氣氛濃厚、音樂色彩繽紛的浪漫敘

〈沙鴦之鐘〉的故事不僅在部落有立鐘紀念，還有沙鴦之墓。（引自國立臺灣圖書館）

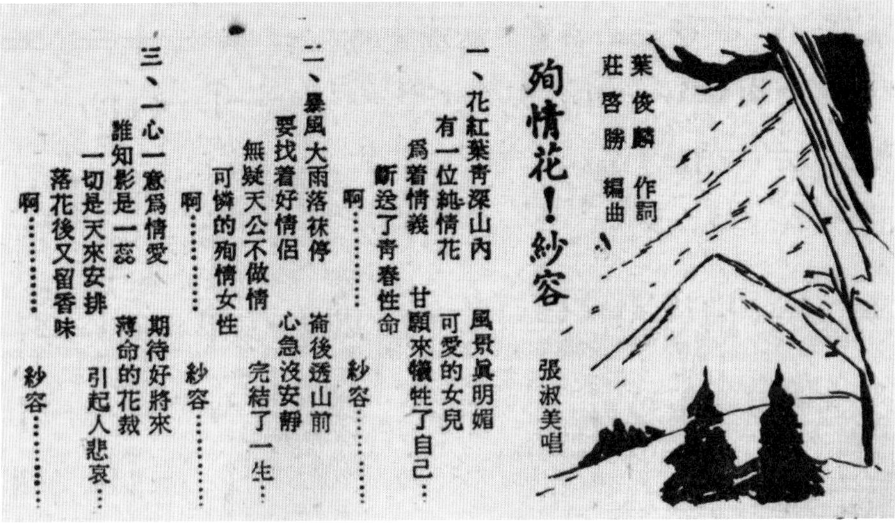

殉情花！紗容

葉俊麟 作詞
莊啓勝 編曲

張淑美唱

一、花紅葉青深山內　風景眞明媚
有一位純情花　可愛的女兒
爲着情義　甘願來犧牲了自己…
斷送了青春性命
啊………　紗容………

二、暴風大雨落袜停　湳後透山前
要找着好情侶　心急沒安靜
無疑天公不做情　完結了一生…
可憐的殉情女性
啊………　紗容………

三、一心一意爲情愛　期待好將來
誰知影是一蕊、　薄命的花栽
一切是天來安排　引起人悲哀…
落花後又留香味
啊………　紗容………

歌本中的〈殉情花沙蓉〉歌詞（郭一男／提供）

文夏〈媽媽我也真勇健〉，亞洲唱片出品（胡楠／提供）

事歌曲。開頭的鐘聲又提醒了聽眾，雖然聽起來不太一樣，歌詞也已經修掉了那口「鐘」，不過「鐘」更強烈地存在於聲音當中，甚至就放在開頭，標示著這個故事的存在與共同記憶，只是經由重新改編，轉化為另一個以愛情為宗旨的浪漫故事了。

後來這首歌又翻唱成華語歌曲〈月光小夜曲〉，大為流行，與〈殉情花！紗容〉不同的是，幾乎僅借用其優美的曲調，改編成為純然的愛情抒情歌曲。基於使用日本軍國主義宣傳曲調的嫌疑，這兩首歌和〈媽媽我也真勇健〉一樣都難逃被查禁的命運，一直到禁歌全面解禁時才一併開放。

世代輪替看翻唱

戰後十多年間，基於世代的交替，社會上的語言使用大為不同，普遍熟悉「舊的國語」——日語，加上日本電影大行其道，日語歌曲也仍舊保留原曲詞意而填成臺語歌詞，用來詮釋自己的處境與心情。

這樣的情況，也反映在唱片流行歌當中，由於唱片業急需新曲，歌手製作團隊主要是以各式翻唱自日文歌曲的歌曲推出市面，大受歡迎，這樣的歷史現象，主要就是由一九二〇年代出生的那一世代，如文夏、莊啟勝、葉俊麟，還有洪一峰、鄭日清等等前輩來帶動，而以當時的同輩以及更年輕的一輩——也就是一九四五年前後出生的新世代，為最主要的聽眾。

一九五七年之後，大概有十年的時間，臺灣歌壇掀起一大波翻唱日本歌曲為主流的大流行，就是基於這樣的基礎發展起來。當翻唱的來源是臺灣社會普遍不熟悉的新歌時，常常是天馬行空地自編歌詞，當原曲是先前已風行過、甚至具有強烈的社會記憶的歌謠，就順著原曲的內容，萃取其音樂元素、情節主題，拼裝加入當時臺灣社會的故事與新情節，揉合成了新的本土歌曲，成為一首超酷的新歌。

這樣的流行歌曲與電影，表面上是翻唱日本歌曲，確實也可說是「日本軍歌調的借屍還魂」，但對某一個世代的聽眾與觀眾而言，也是一種「集體記憶的召喚」。如果說〈媽媽我也真勇健〉與〈殉情花！紗蓉〉是附和「敵人的歌」，而應加以查禁，這些屬於那一代的「自己的歌」，在國家認同上，立場實在是很尷尬。

這正凸顯了身處政權易替之間，又在威權體制下，臺灣人身分的矛盾與複雜。不過話說回來，這些歌卻又能在夾縫中求生存，打開自己的一片新天地，不僅是一九六〇年代臺灣社會一個十分有趣的社會現象，更具體呈現出那一代臺灣人苦中作樂、奮發崛起的成長歷程。

延伸閱讀

陳和平，《臺灣歌謠的故事（第一部）》，麒文形象設計事業有限公司，二〇一二。

黃裕元，《戰後臺語流行歌曲研究（一九四五～一九七一）I：歌唱王國的崛起》，高雄市政府文化局，二〇一六。

1962

站在臺灣的街上

紀念國寶歌王文夏

傳奇的國寶歌王文夏，以九十四歲高壽離開人間，這位縱橫歌壇七十年的長者，名震歌壇，凡中年以上的臺灣人，幾乎都是聽他的歌、唱他的歌長大。儘管聲音記憶隨著時間漸漸消散，新世代對他的歌不再熟悉，他獨特鮮明的性格特質一如簇擁著他的名曲那樣，值得我們傳頌與懷念。

背著吉他的文夏定裝照（文夏家屬／提供）

文夏年約三十歲時就開始被稱為「寶島歌王」。「歌王」基本上是歌唱業界吹捧歌手的宣傳用詞，從公眾社會來看，也是社會對其歌唱能力與知名度的肯認。作為第一代——以臺灣話來講就是「開基」的臺灣歌王，他不但是當時歌壇所向披靡的王者，也是開創新歌樂時代的人物。

在傳統漢人社會觀念中，臺灣人普遍沒有唱歌的觀念，多認為唱歌是不正經的工作，看不起以歌為業的人。廿世紀初，學校開始有唱歌教育，基督教會有聖歌傳習，一九三〇年代臺灣唱片業也發行了不少本土流行歌，但發展並不穩定，流傳也不算廣。

一九五七年位於臺南的亞洲唱片公司發行文夏專輯唱片，鋪貨全臺，而後穩定發行新曲，唱片一本萬利，自此「文夏」成為票房保證的亮麗品牌，終讓臺灣社會普遍認識到：原來「唱歌」這種白白淨淨的文化工作，竟能發大財、成就事業！

流行歌壇的開基歌王

文夏的歌曲主要是隨著廣播電臺播送傳播，各行各業的年輕人都愛聽他的歌。在都市邊的工廠生產線上，伴著〈快樂炭礦夫〉的節奏，規律而枯燥地工作；客廳裡擺放著複合收音機的落地式唱機，是新嫁娘的嫁妝，她聽著〈彼個小姑娘〉，車縫歌裡所唱的頭飾品貼補家用；八二三砲戰後派往金門馬祖的阿兵哥，心底踩著〈媽媽我也真勇健〉的節拍行軍；都市裡的徬徨青年聽完〈媽媽請妳也保重〉，擦乾眼淚趕緊寫信回家。他還歌頌了街頭上的青春姑娘，賣花的、理頭髮、車掌小姐，都堅強地勞碌奔波，為社會奉獻，曲曲動聽琅琅上口……。

一九六二年起，文夏逐年一部電影巡迴演出，開著白色敞篷跑車、率領四姐妹趕場隨片公演，誘動新一波少男少女的心弦。沒幾年間，唱片公司、歌唱訓練班雨後春筍成立，也有不少灌錄臺語新歌的唱片公司，培養新銳歌手，再怎麼小的鄉村舉辦公演，向來皆能吸引群眾購票圍觀，歌唱比賽也總是爭相報名，許多人的心中燃起了歌星夢。

儘管在之後，「寶島歌王」的稱號逐漸由葉啟田接替，歌廳裡更充斥了各式特色的歌王、歌后，文夏始終是文夏，他帶著他發行過的兩百多首歌，與四姊妹合唱團四處走唱，持續擁有他的一方天地。經過半世紀，他的歌迷跨越世代，九十歲仍

文夏與文夏四姊妹（文夏家屬／提供）

帶著吉他、戴海軍帽，是文夏極為鮮明的招牌形象。（文夏家屬／提供）

身體硬朗開大型演唱會，所到之處眾人簇擁搶跟他同框自拍。

神祕冷峻的療癒歌者

作為開疆闢土的歌王，文夏別具謎樣氣質。歌手出道總是希望受人歡迎，至少要迎合記者詢問，就基本資訊據實以告，文夏則不來這套。在當年的報導與歌本裡，看不到文夏真實的年齡，部分有說他生於一九三六年（短報了八歲），有傳聞說質問他的年齡會惹他不高興。他也不揭露本名，有歌本記載他的本名為「王愁人」，實為他作詞時的筆名，學經歷也有日本高等科等不同的說法。

從歌迷的角度來看，文夏這位謎樣的男人，就是從天而降、毋須質疑的存在。二〇一五年他親自提供文獻、撰寫回憶手稿，將生平故事與一手資料發行為《文夏唱／暢遊人間物語》一書，才向歌迷揭露他的前半段生命史。

一九二八年生於臺南麻豆，文夏在臺南民權路成長，他愛自介成長之地有「臺獨街」之稱，隔壁住的是在日本從事臺獨運動的王育德一家。他出身基督教家庭、家境小康，父親原從事金飾、後經營布匹公司成功，家裡一、二樓開設「文化洋裁班」，由母親教授洋裝裁縫，因為店名的關係、從小鄰居慣用日文稱他為「文化」（Bunka），他日後的藝名也由此而來。

公學校畢業後，他前往日本東京升學，拜師學習吉他、聲樂，戰後回臺南就讀商業學校，自組「夜之樂團」四處演出，據說常在運河與朋友彈吉他高歌，特愛演唱義大利民謠，創作有〈飄浪之女〉、〈南國賣花姑娘〉（許丙丁作詞）、〈悲戀〉、〈望鄉〉（康榮如作詞）等作品。

畢業後自組「文夏夏威夷樂團」，以滑音吉他號召，在自家的三樓開設音樂教室，集結成音樂班底四處演奏打開名氣，後登上廣播電臺一唱成名，逐漸成為全臺知名的巨星。

作為在地流行音樂家，文夏一面是樂團領團者，一面是帶著濃厚哀愁感的青年創作歌手，他以「愁人」為筆名改編日語歌曲，轉型為以流行歌曲演出為主的專業歌手，鄉愁、流浪歌謠成為他的主調。在幾次獲利匪淺的拍片嘗試後，一九六四年他自行籌組「文氏影業公司」，集編劇、監製、企劃、編曲於一身，更全面與觀眾接觸，以遊樂人間的「阿文哥」形象演唱親切活潑、帶動熱烈氣氛的歌謠。

從神祕孤傲的愁人，到機靈活潑、在都會裡流浪找樂子的阿文哥，文夏順著市場脈動，勇敢挺進歌壇、影壇第一線。對聽眾來說，他那帶點距離、似乎什麼都能穿透的高昂嗓音，闡釋在都市裡創造小家庭的青年之夢，安慰勞碌奔波的人們。特別是離開農村的青年們，徬徨於工業化、都會化的苦痛傷痕，盡在文夏的歌聲裡獲得慰藉與舒緩。

自信自在的新本土之聲

那是本土流行文藝最活潑的時代，也是冒著政治風險的時代。有人稱文夏為禁歌歌王，說他的歌被禁最多，事實上，當時政府關於臺語歌的查禁行政作為，許多就是衝著文夏而來，而政府的查禁根本滅不了其威風，成為他的手下敗將。

他大賣的首張專輯收錄八首歌曲，當中有四首後來被列入查禁目錄，該張專輯卻是奠定整體臺語流行歌基業的神作。一九六一年發表的〈媽媽我也真勇健〉，原先並非主打歌，因為被發現翻唱日本軍歌而被禁，新聞一出反倒成為強力宣傳，唱片貨暢其流。他透過電影隨片登臺的挾帶，與觀眾聽眾直接接觸，迴避了官方的媒體與空間管控，直接獲得聽眾的掌聲與支持。

面對文夏和他的歌，禁歌制度顯得捉襟見肘且難以招架，於是報紙輿論成為另一戰場。文夏以翻唱日本歌曲成名，而為臺語歌壇標竿，屢番有歌壇評論就有人影射批評他，兼論臺語歌壇總體的不是。面對明槍暗箭的批評，文夏不閃不躲，勇於對號入座直言反擊。

九〇年代起，有歌謠史家批評文夏的臺語歌為「混血歌曲」，文夏還曾發表公開信正面回應。他直指這些批評者是說外行話，他的立場是：在不寬裕的創作條件裡，譯唱外國歌曲是自然的事，也確實提升了本土音樂的內容，批評者與其針對他與眾人熱愛的歌曲惡評，不如也投入來創作更好的作品。

市場派的文夏，倒是有一項堅持，就是要唱臺語歌。一九七〇年代政府對唱片、歌廳、歌手的規範日益緊迫，長期的語言限制使臺語歌聽眾嚴重流失，文夏之後也幾乎不再發行新曲。在他晚年的演出與受訪中，多次嚴詞批評政府壓迫本土語言的歷史，從他激動的言談可以感受到，他對總體臺灣歌謠文化的疼惜與不捨。

文夏有首意境獨特的詞曲作品，叫〈站在臺灣的街上〉，描述一位站在路上、活潑的臺灣女孩。外頭下著雨、她仍不去躲，和我四目交接了也毫不害羞，向我展現她迷醉人心的微笑……這就是文夏，他屹立臺灣舞臺七十年，自信自在，始終堅持用自己的聲音，為聽懂他的歌迷吟唱。他柔軟綿長、韌性十足的歌聲，是臺灣人共同生活過的聲音印記，也是本土歌謠曾經生機蓬勃、自由鳴放的時代之聲。

一
有一日在街頭　看見有一個　可愛的女兒
嘴點胭脂真古錐　啊　讓我心迷醉
小姑娘你到底誰人的女兒　那會對阮送着秋波　笑微微
害阮歸暝　想起你的人影　睏袂去

二
有一日在街頭　落雨的晚暝　彼個小女兒
雨水渥伊滿身軀　啊　讓我心正酸
小姑娘你敢是可憐的女兒　那會這袸還無返去　惦路邊
四邊已經　看無一個人影　緊返去

三
有一日在街頭　看見着彼個　可愛的女兒
對阮招呼在微笑　啊　讓我心歡喜
小姑娘你若是對我有真情　我也希望永遠佮妳　來做陣
每日快樂　過着咱的人生　也趣味

延伸閱讀

文夏自述、劉國煒等紀錄，《人間國寶——文夏唱/暢遊人間物語》，華風文化，二〇一五。

黃裕元，從唱片史料探索「寶島歌王」文夏的巨星十年。收入《南瀛歷史、社會與文化（四）：社會與生活》。臺南市政府文化局，二〇一六。

1964

鹽埕區長

臺灣成人世界的國民記憶

作為一個臺灣歌謠研究者，常常在追尋的過程中，只不過是踏查前人的腳步、初步整理前一世代的國民記憶，就得費一番手腳，但是，常常在我第一次聽到這些歌、聽聞這些事之時，便可以想像到，稍稍把資料整編一下，轉述、播送給現代的讀者了解，肯定會讓新世代臺灣人感到新奇與趣味的。〈鹽埕區長〉就是這樣的一則故事。

《鹽埕區長》唱片封套

這首經典的歌謠，伴隨著一個驚人的唱片發行記事。一九六四年，天使唱片公司以十吋塑膠唱片發行《鹽埕區長》專輯，兩面收錄一首長歌，與當時買一張唱片能聽到八首歌比起來，相當不划算。封套上的資料，除了掛名作曲的「郭萬枝」是地方政治人物之外，灌錄的歌星「麗美」、作詞「楊東敏」、編曲「蔡江泉」、伴奏的「天使管弦樂隊」都沒有太大的知名度，天使唱片也是前不久才成立的小唱片廠牌，位於高雄，錄音與唱片壓製品質肯定較本土唱片大廠差。更糟糕的是，唱片出版不久，這首歌就被臺灣省警務處發布是黃色歌曲，登報撻伐，禁止公開播送……

種種看似不利的銷售條件，卻創下驚人的成績。這張專輯從二月底開賣以來，熱銷大半年，銷售達二十多萬張，遠勝過文夏、陳芬蘭等當紅歌星，聲勢直追在前年爆紅的「梁山伯與祝英臺」，創下臺灣本土唱片的銷售紀錄，估算平均每八戶人家就有一張《鹽埕區長》。現在網路上的舊唱

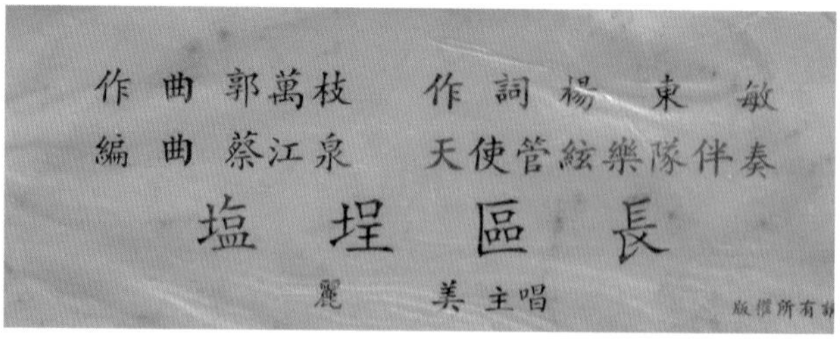

由麗美主唱之〈鹽埕區長〉唱片資訊

片市場中，確實輕易就能找到六、七種以上不同版本的《鹽埕區長》唱片，想見當時熱銷與爭相壓製再版、盜版的盛況。

這首歌也起了帶動唱的效果。位於臺北三重的鈴鈴唱片敦請麗美小姐與林春福合唱，製作了《風流區長》專輯，同樣的曲調，同樣是長篇民謠式唱片，隨後也被公告查禁，仍大受市場歡迎。以一家理髮廳中心組成的「四奇士合唱團」（郭金發、林春福、陳木、賴謙祺），在他們的唱片裡也唱一首〈風流四區長〉，採用同樣的曲調，歌詞唱到臺灣西部各大都會的風月場所韻事，也是非常流行，這首歌似乎沒被即時查禁，聽說透過廣播打得非常響亮。

電影圈也打鐵趁熱，雙龍影業上映一部戽斗主演的同名喜劇片《鹽埕區長》，趕在八月上映，這部片全程在臺南拍攝，劇情改設定在臺南的鹽埕，在南部地區票房相當不錯。

黃色歌曲爆紅

〈鹽埕區長〉能席捲全臺，除了曲調輕鬆、琅琅上口，眾所週知的賣點就是趣味並帶點「黃色」的歌詞，也因此遭到查禁，登上報紙：消息一出，大家都知道最近有一首被警察認證的情色唱片，廣播絕對是聽不到了，也別想在街頭聽見……於是心癢難耐的聽眾只得各顯神通自己去找貨，而掀起全民大搶市。

這樣的情況，在當代的我們也不難理解。不知還記不記得，臺灣發生過一起性愛光碟事件，當時引起大眾議論，原本躲在房裡說的禁忌話題都搬到客廳來了，發生一場性觀念的解放運動，回想起來，該事也成了「國民記憶庫」的一部分，〈鹽埕區長〉這般熱銷流行，堪稱是六十年前類似的成人社會騷動事件。

假如經歷過這樣一件事，卻說他沒聽過〈鹽埕區長〉這件事。我想可能是他年久忘記了，再不就是語言不通的外省人等其他族群，或是不食人間煙火的紳士淑女，或根本是假正經或裝傻。

要探討這首歌的實際況味，總該聽聽全部歌詞為要。全篇歌詞依據唱片錄音內容校訂如下：

〈鹽埕區長〉上篇

一　鹽埕區長郭萬枝　人人叫伊郭先生
做人慷慨甲有義　哎呦　欲交朋友著揣伊

二　鴛鴦水鴨雙雙對　愛人比某有較婿
若欲相好嘴嘟嘴　哎呦　袂動結局尚克虧

三　一隻田嬰四支翅　阿君做人愛老實
毋通僥阮揣別人　哎呦　害阮歸暝守空房

*田嬰（tshân-enn），蜻蜓。

*僥（hiau），愛情反背、拋棄對方，又稱做「反僥」。

四　兩條菜瓜生相偎　代先出世有較大
愛人無愛咱著煞　哎呦　毋通出手甲人拖

五　聽人塊講高雄好　要好第一是愛河
咱若要好去迌迌　哎呦　我的阿君好毋好

六　一條手巾黑貓紗　要送阿君少年家
阿君真久無來揣　哎呦　敢是僥阮揣別的

七　人人叫伊林先生　厝裡有錢甲有妻
看阮生婿有甲意　哎呦　想欲娶阮做細姨

八　天頂落雨陳雷公　溪底無水魚亂闖
阿君愛娘毋敢講　哎呦　親像痟狗亂亂闖

九　半屏山頂有一空　內面一空烏弄弄
伸手欲摸無半項　哎呦　甘是戲羅仙洞空

十　竹筍落土目目柯　移山倒海樊梨花
阿君愛娘著來娶　哎呦　毋通放阮踮煙花

十一　鐵釘落土會生銑　乾箬落水會捲連
看有食無干焦癮　哎呦　親像佛祖鼻香煙

十二　人的阿君坐汽車　阮的阿君著用行

*柯（kua），形容食用蔬菜或瓜果有纖維粗糙的感覺。

*箬（hah），指甘蔗、香蕉等植物外殼較硬較長的葉片。

*癮（giàn），指犯癮、渴望的樣子。

《鹽埕區長（上）》曲盤錄音
（引自「臺灣音聲 100 年」）

十三 若要好命著拍拼　哎呦　毋免一生人歹命
較早塊好帥仕相　即嘛塊歹哥僥娘
望君正行倒退想　哎呦　想起較早君愛娘

〈鹽埕區長〉下篇

十四 這位青年真飄緻　乎阮看著真甲意
因厝是否有妻兒　哎呦　想要問伊驚嫌疑

十五 一尾鱸鰻蟯蟯趖　趖入洞內欲迌迌
等待鰻漈（siûnn）落清楚　哎呦　趖出洞外軟趖趖

十六 有人講你真亂來　看著查某你著愛
這款查甫阮無要　哎呦　毋通腳手亂亂來

十七 深山林內一條溝　溝中一粒紅石頭
千軍萬馬袂得到　哎呦　只驚一粒和尚頭

十八 一區水田毋佈稻　留欲發草飼鰗鰡
鰗鰡飼大真利害　哎呦　半壁一空伊也知

* 蟯蟯趖（ngiauh-ngiauh-sô），蟲類蠕動爬行。

十九　第一可憐阮一人　親像監獄關犯人
犯人關久也會放　哎呦　阮來可憐一世人

二十　一條手巾繡花草　無某阿君毋通交
等待某緣若是到　哎呦　斬草除根無回頭

二十一　二條手巾繡花欉　薄情阿君採花蜂
交著新的舊來放　哎呦　迎新棄舊毋是人

二十二　三條手巾繡龍蝦　無情阿君少年家
僥雄的人無好尾　哎呦　毋通落人嘴唇皮

二十三　四條手巾繡金魚　阿君欲僥阮無疑
就想早前好情意　哎呦　初戀散步行港邊

二十四　五條手巾繡海反　無情阿君毋通戀
一時要僥情變款　哎呦　害阮心糟帶操煩

二十五　六條手巾繡花鳥　無疑阿君你來僥
滿腹苦情講袂了　哎呦　心頭怨氣怎樣消

二十六　坐著火車要轉去　一點五分到嘉義
咱無緣份來相見　哎呦　望君毋通暗傷悲

* 海反，即龍王、蝦兵蟹將、蚌殼等構成的水族陣。

《鹽埕區長（下）》曲盤錄音
（引自「臺灣音聲 100 年」）

〈鹽埕區長〉的歌詞當中，多數的歌詞是傳襲自各類民謠、褒歌、七字仔講述愛情的言詞，其間穿插了幾段是「加料」的，具有性暗示的描述。以九、十五、十七、十八等四段最為明顯，聽倌細讀便能意會、不必言傳。

這首歌旋律簡單，一般人聽兩段應該就能跟著唱，無意間也能學會。伴奏方面，原裝封套上號稱是「自由中國第一流」的「天使唱片專屬樂隊」，基本上是以八個小節做一段主旋律，前間奏是以兩段為單位，爵士鼓、小喇叭、薩克斯風為主的西洋爵士樂，全場以狐步的「慢快快」節拍行進。

這廿六段的長篇歌謠，灌成一張唱片的製作方式，現在已經相當罕見，不過這樣的製作，可說是自臺灣有唱片以來就有的市場習慣。如果言語不通，單就音樂來聽，開始可能還覺生猛活潑、開心趣味，聽上三、四段後，一樣的伴奏與節拍，便開始略生嫌膩、無趣。所以說，這類民謠歌曲唱片的音樂只在營造輕鬆活潑的氣氛，重點在於歌詞的內容。

總體來講，〈鹽埕區長〉的情色歌詞並不多，而且也不算露骨，說到床第之私都加以轉化、比喻，而生意淫之感，隱晦而帶有文學趣味。從整體歌詞的布局來講，實在缺乏完整性，可說是大雜燴式的相褒歌，不甚具有藝術的成分，音樂與歌唱表現也不算很穩定。

四個區長一起來

相對來講，趁熱翻唱的〈風流四區長〉是較有音樂與故事章本的韻味。包括四奇士的合唱，還有整體的故事性，改編成四個朋友一起出門玩，從基隆一路南下到屏東，最後還總結式地做一結論。套句現代的說法，可說是完成度比較高的作品，引述其最後兩段如下：

聞名古都台南市　新町查某笑咪咪
粗花枝骨帶魚刺　唉呦　看人目睭激微微
講起高雄愛河邊　一位查某有情義
輕聲講話又甘甜　唉呦　想要娶伊來做細姨
實在真趣味　實在真快樂

高雄盤車去屏東　陸橋查某尚大方
嘴點胭脂胸前膨　唉呦看著心魂強要暈
雖然區長愛風騷　為國認真更效勞
替民服務真周到　唉呦　對娘更加性溫和
實在真趣味　實在真快樂

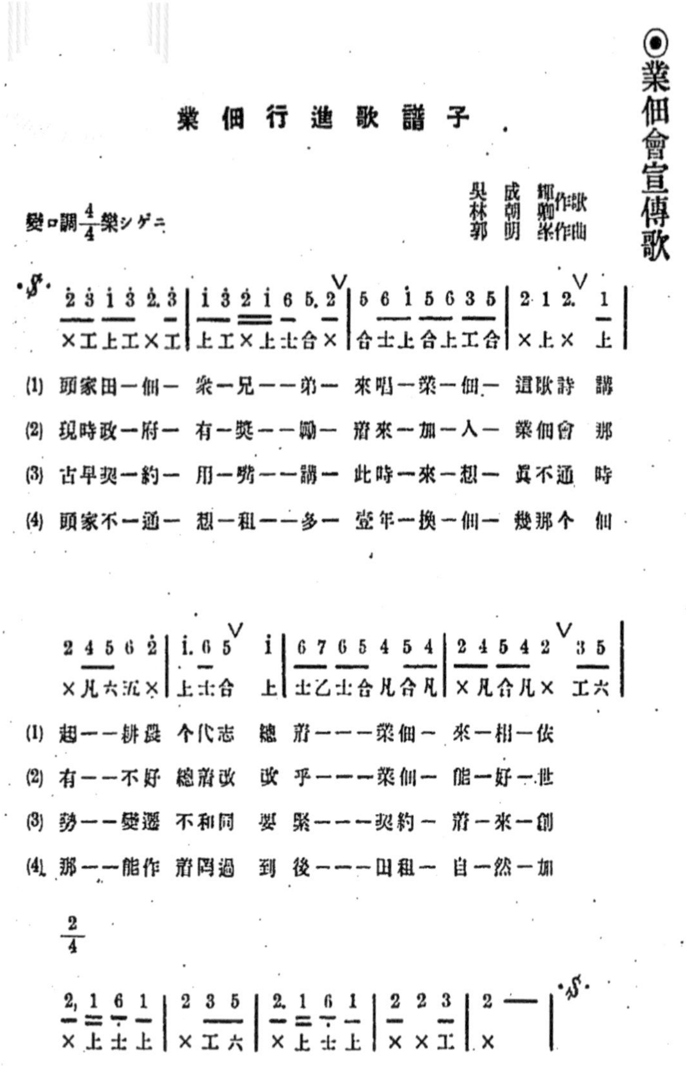

業佃會宣傳歌
業佃行進歌譜子
(1) 頭家田一佃一 衆一兄一一弟一 來唱一業一佃一 這款詩 講
(2) 現時政一府一 有一奬一一勵一 着來一加一入一 業佃會 那
(3) 古早契一約一 用一號一一講一 此時一來一想一 眞不通 時
(4) 頭家不一通一 想一租一一多一 壹年一換一佃一 幾那个 佃
(1) 趙一一耕農 个代志 總 着一一一業佃一 來一相一依
(2) 有一一不好 總着改 改 乎一一一業佃一 能一好一世
(3) 勢一一變遷 不和同 要 緊一一一契約一 着一來一創
(4) 那一一能作 着四過 到 後一一一田租一 自一然一加

1930 年的〈業佃行進歌〉曲譜，附有工尺譜。（引自國立臺灣圖書館）

〈風流四區長〉點出各大都會的風月場所，表現出全臺風流仙地圖，可說是早期版的「極樂臺灣」，歌曲中每八句加上「實在真趣味 實在真快樂」，是得自另一首翻唱自日本歌的一句歌唱，與文夏翻唱的〈所有的小姐〉相同，讓整首歌的旋律更拼貼、變化，還增添了一點日本風情。

不過，終究還是帶動流行的〈鹽埕區長〉比較成功，質樸的長篇歌謠，不需要結構，帶點小辣，既葷且腥，就是符合當時人的口味。事實上，我們可以注意到，在〈鹽埕區長〉走紅的同時，那幾年間的臺語歌壇便是以鄉村作風為主，〈風流作田人〉、〈田庄兄哥〉、〈草地人入城〉等等，這也是那幾年間最成功的流行風格。

關於區長的祕辛

關於〈鹽埕區長〉這首歌，筆者最早是聽唱片界老前輩提起那時暢銷的情形，當時的報章雜誌也確有記載。而後經過多年，在臺中收藏家王明山的家裡終於聽到這首歌。聽他說，現時的收藏界仍對這首歌念念不忘，許多唱片同好特愛找尋這張專輯，那時用他的音響聽了，只覺得新鮮有趣。

後來在另一位收藏家林良哲的家裡，又見識到這首歌的調子，原來

〈業佃行進歌（上）〉曲盤錄音（引自「臺灣音聲100年」）

鹽埕町區在日治時期被譽為高雄的銀座（引自國立臺灣圖書館）

它有個「元祖級」的來源，是日本時代發行的蟲膠曲盤，歌名叫〈業佃行進曲〉，原來一般所謂「高雄民謠牛馬調」，是來自這首由「郭明峯」作曲的歌。而郭明峯又是誰？經查，他在一九二六年到二九年間擔任臺北市蓬萊公學校老師（官職為訓導），他在臺灣教育會徵集歌曲中，曾以〈水牛〉一曲獲獎，這首歌還列入後來的唱歌教材裡。所以說，〈鹽埕區長〉旋律其實是出自一位教科書級的作曲家……

細數這些資料，只能說越挖越多、越扯越遠。關於歌詞方面，掛名作曲、歌詞中又作為破題的主角人物——「郭萬枝」，也是個戲劇化的人物。他不但是愛喝酒、愛風流的區長，在地方上可說是民主運動的老前輩，他廿五歲就當選高雄市參議員，二二八事件時被議員們公推為警察局長，遭國民黨整肅入獄五個月，出獄後郭萬枝並不怕事，持續投入地方政治，擔任兩屆的民選鹽埕區長、四屆的高雄市議員，並擔任高雄攤販協會理事長，可說是改制直轄市前高雄地方響叮噹的政治人物。

在郭萬枝縱橫政壇的同時，以他為名的歪歌創作在鹽埕的酒樓也莫名其妙地流行起來。鹽埕自日本時代以來就建立起風化事業，圍繞著愛河、市政府前後側的酒樓歌場特別盛行。據當地調查說，這首歌是郭萬枝和酒店走唱樂手合編的，灌上「鹽埕區長郭萬枝」為開頭，所以又被叫做「萬枝調」。我想，這「那卡西」可能是從音樂記憶中挖掘到〈業佃行進曲〉的旋律，無意間加以發揚光大了。只是在〈鹽埕區長〉這首歌大紅大紫，名聲傳遍全臺後，郭萬枝的政治生涯卻不幸遭遇重挫。一九七七年他因商圈開發弊案，退出議壇，從此官司纏身，後來傳出他晚景淒涼的新聞，今已黯然過世。

以上是就個人淺薄的資料，稍稍整理了關於〈鹽埕區長〉的來龍去脈，有風光的一面，有威權體制下突破禁忌的刺激情事，也有令人唏噓的景況。只是關於這張唱片的灌唱，作詞楊東敏、編曲蔡江泉、歌手麗美，分別有著什麼樣的生命歷程？又如何碰撞出這樣的歌謠火花？唱片公司又怎麼在警務機關的查禁下大開利市、貨暢其流？這些問題肯定還有精彩的故事可說，或許只待有緣人指點迷津，從堆到記憶庫內裡的資料裡挖出一些來，拼湊拼湊，再來把這歌的故事講得更完整、更清晰點。

同甘共苦的國民記憶

六十年的老唱片了，追尋起來有幾個意義。首先，這首歌是前一世代的流行音樂，特別具有串連世代記憶的功能；另一方面，當時創作、演唱、灌錄這首歌曲的人們，很可能仍在，甚至可能還活躍在流行樂界，或許透過大眾的補足、進行仿如網路上的人肉搜索，能讓歷史資料更完整。更重要的，當時聆聽過這首歌、參與流行熱潮的年輕聽眾們，仍可以一起在天使管弦樂團的伴奏、麗美小姐的歌聲、戲謔有趣的歌詞間，愉快而有同感的笑。跨越世代、穿越時代，這不正是我們踏尋歷史文化的初衷。

閱畢，且讓我們卸下紳士淑女的矜持，在〈鹽埕區長〉的帶領下，一起搖擺……

1965

南都夜曲

城市與歌，浪漫夜曲情歸何處（上）

一個有專屬歌曲的城市，是幸福的，歌詞裡的場景會轉變為故事，故事會成為傳說，甚至旋律節拍都會融入生活節奏當中，成為市民共享的文化標誌。臺灣歌曲中有許多經典的地方特色歌曲，如淡水暮色、安平追想曲、臺北的天空、癡情臺西港、戀戀沙崙站等等，都是發表時就被作詞者命名定位了，卻有一首歌並非如此，是經由多年的流傳與改編，才選擇落腳之地，她是名曲〈南都夜曲〉。

今年的新歌星簡介

（林姿美）台南市人，通訊處：台南市新生街七號之一，最近在南星115號唱片灌錄新歌「南都夜曲」

〈南都夜曲〉原主唱林姿美（郭一男／提供）

南方之星郭一男

〈南都夜曲〉算是臺南最知名的地方故事歌謠，電臺時常在播，路邊卡拉OK也時常在唱。經過這些年的歌本、唱片資料出土比對，可以確定的是，她的原曲叫〈南京夜曲〉，是大約一九三八年發表的臺語歌，由陳達儒作詞、郭玉蘭作曲，原版唱片歌手叫月鶯。

是誰改編成〈南都夜曲〉呢？到目前仍有不同的說法，在筆者採訪歌壇前輩的過程中，找到了一個可能的答案。

在臺南永福路一段有一家庭式的卡拉OK，妝點成日式風格，座位不多、有吧檯舞臺，這類以歌會友的場所在臺灣並不少見，但特殊的是，這裡是郭老師經營六十年歌唱事業的歷史現場。從開始的南星歌本出版社，到歌唱訓練班——當時稱作南星歌謠音樂研究會，後發展成南星唱片公司，曾有學生三百多人，唱片歌本鋪貨全臺。隨著本土歌壇沒落，改經營日本巡演歌舞團，而今除卡拉OK讓家人經營外，郭老師還常率領他的滑音吉他樂團，在赤崁樓、孔廟等地演出。

之所以跟他提起〈南都夜曲〉，因為在首度訪談準備資料時，在網路上隨意點閱郭一男樂團公演的影片，正巧聽到歌手在演唱前講說：〈南都夜曲〉這首歌的原曲是講南京，是郭老師改編成南都的。

聽到這個說法非常意外，不過再仔細想想，目前找得到較早的〈南都夜曲〉復刻錄音，多半是方瑞娥在南星灌唱，而她正是郭一男的得意門生、旗下最知名歌手，說這首歌出自其

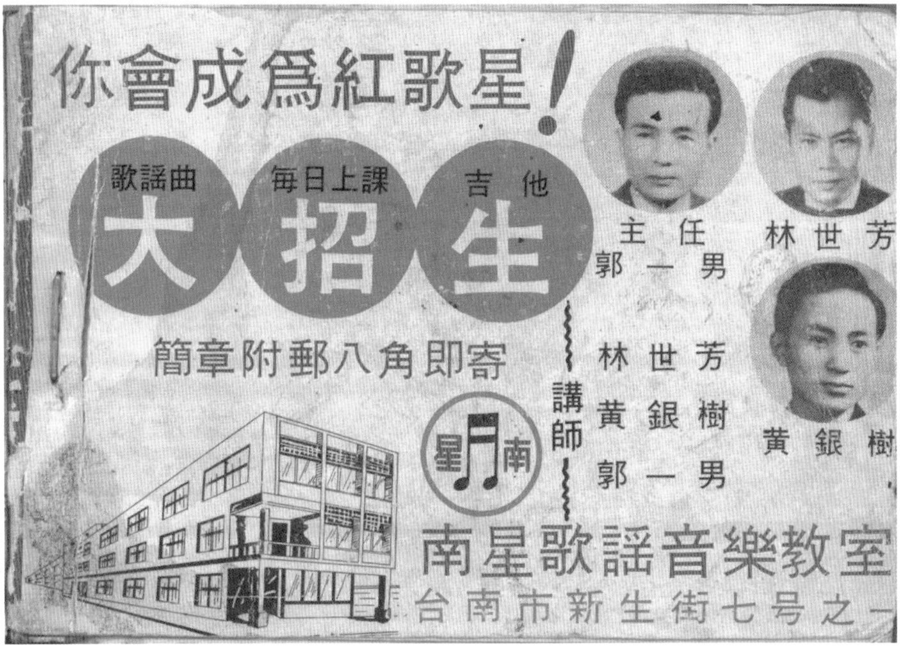

南星歌謠班招生廣告（郭一男／提供）

手，似也不無可能。

經主動詢問，確實得到了郭老師的證詞。他說當年這首歌是從一個唱「那卡西」的學生那裡來的，曲名為〈南京夜曲〉，他看了譜覺得曲好詞也好，仔細看歌詞後又心生疑慮，越想越不妙：歌詞中的「南京」是中華民國的首都，很多官員是從那裡來的，歌詞裡唱江南夜色，怕是會勾起外省人的思鄉情緒。

他還想起另一個眷村出身的學生說過，中秋節的時候大家在賞月，那學生的父親卻在那裡喝酒，痛哭流涕，怨嘆說沒辦法在家鄉孝養媽媽。郭心想，這些外省人在臺灣想起故鄉會流眼淚，如果還唱〈南京夜曲〉絕對會被禁，想到最容易的方法，就是改成他土生土長的臺南——「南都」。

怎麼改？比照一下前後歌詞就可以知道。開頭的「南京」改成「南都」，第二段的「中山路」改成那時臺南最熱鬧的「中正路」，第三段的「秦淮江水」改成「安平港水」、「紫金山」改成「東平山」——因為在臺南只有東邊隱隱可以見到遠山。另外有一處要比對唱片錄音才注意到，第二段開頭原詞是華語的「你愛我的」，新詞改為臺語的「甜言蜜語」。

郭一男說，這算是偷改別人的歌，是不對的行為，不過那時也不知道歌是誰寫的，只是覺得好聽，唱片公司又需要新曲發表，改一改便發行了。

隨時局改變的時局歌曲

說到這裡或許得說明一下，為什麼會有一首臺語歌叫南京夜曲呢？日本時代的臺語創作流行歌，之所以會以南京為題，有其特殊的條件使然。

一九三八年中日戰火蔓延，南京在年初遭日軍強占，成為日本新占領地，這之間發生了知名的南京大屠殺，該年年底更有汪精衛國民政府的成立。而在臺灣，正值皇民化運動盛行、臺語歌傳播困難之際，或許為了迎合「時局」，謀求生路，於是有〈南京夜曲〉的出現，展現華南歌妓的演藝情調。

這類配合國策、專講占領地故事的歌曲，當時泛稱為「時局歌曲」，電影、流行歌搭上這個概念，在戰場後方大發利市，如〈蘇州夜曲〉、〈支那之夜〉等等，不過相對來看，臺語時局歌恐怕銷量不好，依據曲盤蒐藏的經驗，這階段的臺語歌曲唱片可說少之又少。

沒幾年後日本投降，時局再度鉅變。作詞

〈南京夜曲〉曲盤圓標（潘啟明／提供）

者陳達儒在戰後以「新臺灣歌謠社」為名編寫不少歌本，據說都委請蘇桐、陳水柳等老友，隨賣藥團、歌舞團四處彈唱推銷販售。已故歌謠專家莊永明老師曾提到，當時的歌本裡仍印有「南京夜曲」一譜，只是其上又塗改為「臺北夜曲」，應該是陳達儒親自修改了歌名。

有傳聞是說，戰後有官員聽見此曲，認為有影射國民政府紙醉金迷之嫌，陳達儒聽聞緊張，於是自己更改了新版歌詞以避禍。不論是主動還是被動，〈南京夜曲〉顯得不合時局，為了讓好歌繼續流傳，作詞家出面修改實屬必要，基於如此，原曲〈南京夜曲〉這回事也就幾乎沒有紀錄了。

陳達儒修改〈臺北夜曲〉，卻似乎沒有灌錄唱片，到一九六一年亞洲唱片製作的十吋黑膠唱片中，葉俊麟改寫歌詞的〈草山夜曲〉，沒有紅起來，也有略改歌詞的〈省都夜曲〉——這時臺北仍未升格為院轄市而為省都，由專唱老歌的歌手胡美紅來唱，也沒有紅。直到〈南都夜曲〉出現，在方瑞娥高亢的歌聲詮釋下一砲而紅，這首歌才正式「定都」於臺南。

剛出道時的方瑞娥（郭一男／提供）

原唱者林姿美

在南星唱片的出版清單中，方瑞娥之前，就有另一名歌手灌唱了〈南都夜曲〉，她叫「林姿美」。林姿美在南星編號NS－一一五的歌手唱片合輯中灌錄了這首歌，收錄在該張唱片第二首，參照其他編號唱片發行時間，大概是在一九六五年七月前後出版。據郭一男的回憶，林姿美為藝名，是南星歌唱班的學生，臺南人，此外資料不詳。

至於方瑞娥的版本，目前所見最早是收錄在一九六九年九月南星唱片發行編號NS－二一一唱片，由林金池編曲。

實際從錄音分析，林姿美演唱的〈南都夜曲〉錄音採D大調，主要伴奏樂器是夏威夷吉他，開頭有鑼聲，還以手風琴、木管樂器妝點修飾，節奏是穩定的探戈節拍，層次分明，樂器配合巧妙。而林的音質稍低，帶點深情苦痛的哭腔，具有濃厚的情緒與戲劇張力，演唱方式聽起來類似那時當紅的另一位歌手尤美——〈為著十萬元〉原主唱，拿現在的歌手來比，可說是強化版的黃乙玲，再強烈一點就像唱哭調了，頗有令人憐惜、心酸酸的感覺。

至於一九六九年林金池編曲、方瑞娥演唱的版本，亞洲唱片發行的「方瑞娥專輯」第四集CD中有收錄，編曲上與林姿美的版本有不小的差異。方瑞娥演唱版是低一些的C大調，整體音響效果更立體，當然是得力於那幾年間錄音技術的改變，開頭仍有夏威夷吉他、鑼聲，加入的魔音琴等電子音樂取代了管樂器，特別響亮搶眼，節奏是相同的，不過改以鼓聲作節拍，簡單宏亮，方瑞娥的歌聲自然明亮，咬字清楚深刻，有點藝旦小曲的感覺，不過整體來講，這首歌浪漫苦情的歌調，並沒辦法讓她表現高亢明亮的嗓音，情緒也就沒有林姿美那樣的濃厚。

仔細聽來，作為原主唱人的林姿美，相對於後來居上的方瑞娥，可說是毫不遜色，甚至該說是更有一番韻味。不過林姿美究竟是何人？芳蹤何在，也就沒有線索了。

都快六十年了，照片裡的倩影應該已有所不同，歌聲應該也有些改變了吧……也許哪天，在臺南某個公園角落的卡拉 OK 活動裡，有人清亮地唱，或在夜深人靜的南都街頭、有人隨口哼唱：

「南都～更深～～歌聲滿歌頂～～冬天～風搖～～酒館繡中燈～～」

「姿美……是妳嗎？」

間奏時，她往我這裡看了一眼，顧自悠悠地繼續唱著……

「敢講……真實是妳？」

聽著聽著，我開始有這樣的幻想，甚至有些幻聽了。

1965

南都夜曲

城市與歌，浪漫夜曲情歸何處（下）

上篇提到，〈南都夜曲〉一曲實起於南京，歷來被改成臺北、省都、草山、淡水等等地名，終於在改寫成「南都」後，走紅起來而被公認其定位。我們再迴游上溯，討論這首歌的前世樣貌。愈是上溯、愈是發現，南都夜曲的身世，實在是撲朔迷離……

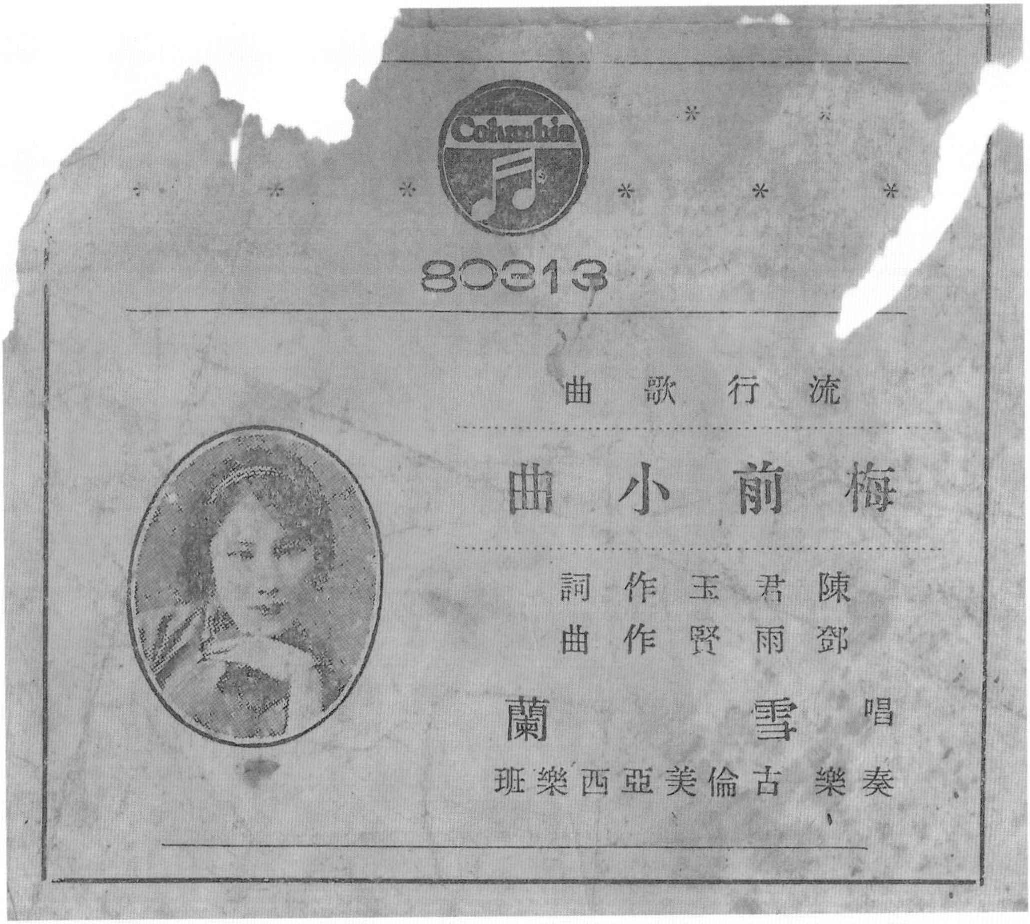

郭玉蘭也以雪蘭、玉葉為名唱歌，歌單上有雪蘭的照片。（徐登芳／提供）

從唱片資料來看，郭一男的南星唱片可能是〈南都夜曲〉的首發公司，當時南星唱片未註明詞曲作者，而後幾十年來經過多人翻唱，尤其是解嚴後掀起臺語老歌熱潮，鳳飛飛、李碧華、金佩珊、大小百合、陳雷等知名歌手先後錄製，慢慢打開了全國性的知名度。

這些唱片或歌本文獻登錄的詞曲作者，有登載為「陳達儒作詞、陳秋霖作曲」，有標示為「陳達儒作詞、郭玉蘭作曲」，也常被註明是「臺灣民謠」或「佚名」。

一九九二年音樂著作權正式上路後，陳秋霖家屬主張對〈南都夜曲〉的作曲著作權，某家唱片公司因為擅錄此曲，被陳家告上法院，成為音樂著作權初上路時的知名官司。這場官司引發了小插曲，受邀作證的歌謠研究大師莊永明翻出陳達儒戰後初期編寫的歌本，確認原曲名為〈南京夜曲〉，上頭登載的作曲者是「郭玉蘭」。後來收藏家在網路上分享〈南京夜曲〉曲盤，圓標上註明是「玉蘭女士」作曲，算是更明確的文獻資料。

白牡丹與素心蘭

作曲家陳秋霖的家人之所以主張權利，說來話長，他作曲的〈白牡丹〉、〈夜來香〉、〈心糟糟〉、〈滿山春色〉，都是搭著陳達儒用傳統詞牌填寫的創作曲，雅俗共賞。他也是唱片製造業的老前輩，一九三八年自組老虎商標的「東洋唱片公司」，後用「帝蓄」商標，發行不少歌曲唱片：〈戀愛列車〉、〈港邊惜別〉、〈阮不知啦〉、〈南京夜曲〉等等，許多傳世歌謠出自其中。

所以說，陳秋霖確實是日本時代〈南京夜曲〉的曲盤發行人，又是知名作曲家，會不會在口述附會之間，被當作是作曲者？或真是他作曲、再由他人冠名？都不無可能。於是，莊永明老師所引述的歌本、以及曲盤上登載的作曲家「玉蘭女士」，能否神來一筆、創此名曲，成為值得考量的事了。

在歌謠研究上，莊永明的訪談撰述堪稱是最完整且具公信力的。在他的撰述中「郭玉蘭」資料也不多，聽說是臺北大橋頭人、公學校老師出身，是罕見的女性作曲家兼歌手，似有其他藝名，她另有一首作曲〈素心蘭〉，後來才又出這首〈南京夜曲〉。

近幾年，郭玉蘭的資料才逐漸在網路上傳開來。她是作曲家也是歌手，以玉葉、雪蘭為藝名，自一九三一年起在古倫美亞唱片演唱許多歌曲，歌唱代表作是〈春宵吟〉。郭玉蘭的作曲發表也不少，除了本名之外也以玉蘭、雪蘭為名發表，唱片有紀錄者少說有十首。

在《總督府職員錄》當中，咱們可以看到「郭氏玉蘭」女士更明確的資訊。她從一九二二年起擔任臺北市「大龍峒公學校」訓導——也就是老師，籍貫為「新竹」，兩年後改名為「林郭氏玉蘭」，推測是嫁給了姓林的人士而冠夫姓，此後在該學校待到一九二八年，就沒有了資訊，時間一躍跳到一九四〇年，她又出現在「臺北市立國語講習所」的講師名單中。

除了前述這些紀錄之外，周邊讓人意外的是：一九二八年度的資料中，「郭玉蘭」的旁邊赫然出現「鄧雨賢」三個字！

原來，郭玉蘭與名作曲家鄧雨賢曾在「大龍峒公學校」（今臺北市大同區大龍國小）是

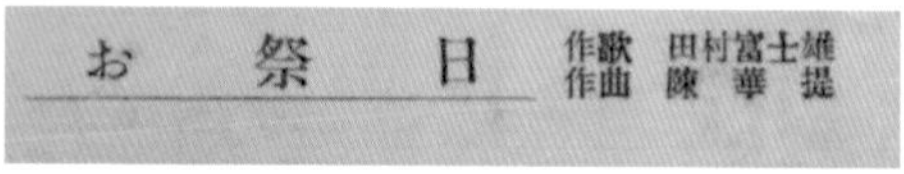

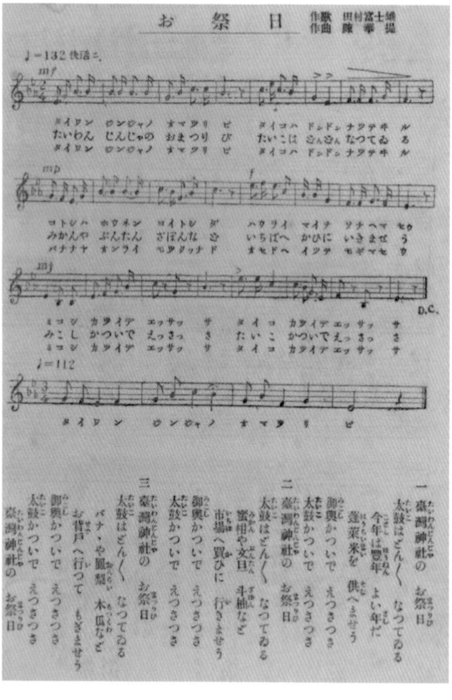

《臺灣之歌》選入的〈祭日〉，作曲者陳華堤。（引自國立臺灣圖書館）

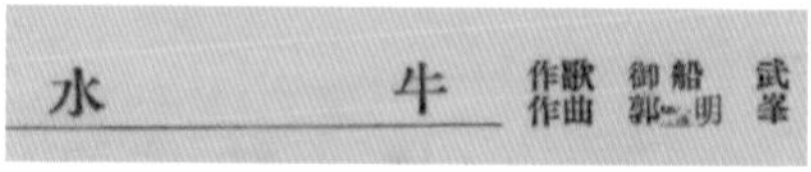

《臺灣之歌》選入的〈水牛〉，由郭明峯作曲。（引自國立臺灣圖書館）

同事。鄧雨賢自一九二五年起任教於日新公學校，三年後調任大龍峒公學校，而後辭去教職前往日本學音樂，郭玉蘭則在大龍峒公學校任職六年，與鄧雨賢在同一年離職。

就這點來看，郭玉蘭不僅確有其人，與鄧雨賢似乎有這麼一點微妙的關連。

郭、鄧兩人之外，該年大龍峒公學校還有另一位與作曲有關的同事——「陳華堤」，一九二九年臺灣教育會主辦的「臺灣の歌」創作歌曲比賽中，他的作品〈お祭り日〉獲獎，後來入選總督府編行的《公學校唱歌教材》。見到「陳華堤」，不禁又讓人聯想起另一位作品入選教科書的曲作家「郭明峯」，就是另一篇提到的〈鹽埕區長〉原曲作者，他是在離此不遠、專收女生的「蓬萊公學校」當老師。

這幾位在大稻埕、大龍峒一帶公學校教書的臺灣人教師，可說是為後來的臺灣歌謠作曲撐起了半邊天。他們的共通點，是畢業於臺北師範學校（前身為國語學校，今臺北教育大學），他們接觸的音樂訓練基本上是用於教小朋友唱歌。這些臺灣本土歌謠的「開臺祖們」，至今俱已不在，那些年，發生了哪些事？仍是值得進一步考察的田野問題。

雪蘭（郭玉蘭）唱〈春宵吟〉曲盤錄音（引自「臺灣音聲 100 年」）

根根唱〈素心蘭〉，勝利唱片。（引自「臺灣音聲 100 年」）

向創作者們致敬

作曲者之外，前篇我們分析的詞作修改部分，大要有個陳達儒作〈南京夜曲〉、郭一男改為〈南都夜曲〉的推論。不過，坊間也有些不同的傳聞，除了一般以為的陳達儒自作自修之外，有一說：〈南京夜曲〉原作詞人為陳君玉，是陳達儒修編成〈南都夜曲〉。當然，這樣的說法與文獻唱片資料不符。

在這之外，還有個加油添醋的說法，說陳達儒是在臺南酒館過了一夜，心中纏綿難以釋懷，於是將南京改編成為南都。說來浪漫，但較像是瞎掰的。陳君玉、陳達儒、陳秋霖、郭玉蘭、郭一男，這「三陳二郭」的背景故事，說來話長，可見這首歌的魅力與神祕感，引人遐想。做為臺下歌迷、後生晚輩的我，不便武斷濫言，只是就手邊可及，為讀者找尋一些資訊，期望眾人在發思古幽情時能更有史料佐證。

從南京、臺北到臺南，一首曼妙的夜曲，可以穿越海洋、穿越時空，魔力令人著迷。無論如何，讓我們向這些「創作者們」致敬！特別是關於郭玉蘭女士，透過文獻，我們似乎多認識了這麼一位如流星般瞬閃即過的作曲家，不過她又好像是被遺落在文獻、遺落在人群之外，仍讓人無法捉摸。令人驚喜，又多麼讓人惋惜啊！

1969

負心的人

磨合，擋不住的禁歌金曲

一九六九年華語歌曲竄升為唱片市場主流，當紅歌星是人稱「盈淚歌后」的姚蘇蓉。她音聲高亢，演唱〈負心的人〉、〈秋水伊人〉等傷感歌曲特別深刻，而大受歡迎，尤其在該年電影《今天不回家》中演唱同名主題曲，聲勢更達巔峰。

姚蘇蓉原本演唱電影同名主題曲〈今天不回家〉，後改名〈今天要回家〉（胡楠／提供）

根據姚蘇蓉近年的訪談，當年這事沒這麼嚴重，只是她個人歌唱事業規劃的改變，不過整體來看，七〇年代歌壇確實發生不少影歌星被封殺的事件。比如連續劇《青春鼓王》男主角江浪的服裝髮型問題，火爆浪子余天鬧出的社會新聞，黃西田、康弘在舞臺做出不雅動作而被電視臺封殺，同臺的歌后鳳飛飛也被牽連等等。

流行文化反映社會情緒、民心士氣，從殖民時代的威權時代，大有為的政府總是對演藝娛樂事業指指點點，企圖消滅不良歌曲、懲戒劣跡藝人。然而流行歌的演出總得標新立異，顯得本性自在的模樣，面對政策性的管理引導，只能在幕後盡量去應付、修正或閃躲，政府能發揮的實際影響力往往很有限，於是在流行歌壇與政府之間看似沒有干係，實際上卻處於不斷互動、磨合的狀態。

交互磨合的關係，要放到時間序列來觀察，才能看出動態關係。以下按時序，以查禁歌曲與媒體控管制度，探看舞臺鎂光燈以外的歌壇往事。

戰前戰後：禁令×戰後肅清

日本時代就有禁歌，當時由警察單位針對本地出品的唱片內容進行查閱，發布所謂「不穩盤」清單，並列明罪狀。內容涉及情色、挑逗者，認定為違反「風俗」，當時有些情節稍微過火的採茶山歌、笑話唱片就因此被禁。

涉及社會事項被警察單位認定不妥的，也會因違反「安寧秩序」而被查禁。臺灣第一首禁歌，是一九三五年泰平唱片出品的臺語歌曲〈街頭的流浪〉。總督府的政治審查，以打擊左派社會主義言論為要務，這首歌敘述因不景氣而失業的青年，大唱「哎嗄唉嗄……無頭路的兄弟」，雖然歌詞單被查扣，仍傳唱市面，被坊間稱作〈失業兄弟〉。

戰後中華民國政府接收，到二二八事件前後，政府對流行歌的查禁工作一度相當積極，向準了兩個大目標。一是對日本軍歌「無差別式」的查禁，二是針對上海流行歌的「重點掃射式」查禁。隱藏在這背後的思維，可說是對「新仇」與「舊恨」的心防，舊恨是日本、新仇便是共產黨。

一九四七年曾發布「唱片拍碎令」（這名詞讓現代的曲盤蒐藏家觸目驚心），列舉早期的日語歌曲唱片，要求徹底銷毀日本軍歌、時局歌曲曲盤。某些闡述社會底層的歌，也會被注意而議論，比如〈收酒矸〉被臺北市政府點名批評。另外也有發布過針對廣播電臺演出戲曲的規範，查禁一些本土曲目和歌謠，不過對當時遍地開花巡迴演出的劇團、戲院來說，應該是難以落實。

六〇年代：禁歌 × 打擊當紅歌曲

一九六〇年代唱片業突飛猛進，面對層出不窮的創作歌曲，臺灣省新聞處與警備總部始終繃緊神經，持續不定時地發布查禁命令。一九六一年發布二百五十七首禁歌目錄，羅列十項理由，一九六四年再整理了一百八十三首，加上一些臺語歌，另外也有命令下達審查與執行機關，把翻唱日語歌曲原則性的納進來。

從這些標準來看，幾乎當紅的、動人心弦的歌，或多或少都會冒犯這些標準，當時凡走紅市街的歌曲，都會被審查單位挑毛病、貼標籤。如謝雷的成名曲〈苦酒滿杯〉，唱片銷售創下紀錄，不久就被發布查禁，就連翻唱的臺語原曲〈悲戀的酒杯〉也遭池魚之殃，都被貼上「灰色歌曲」的標籤。

這一階段禁歌制度的執行，大概比較落實在廣播電視事業。公營電視臺電臺自不用說，各民營電臺都設有「檢聽席」，由警總安排人員現場坐鎮——據說薪水還要電臺付，隨時注意播音內容，就算是輕鬆的電臺綜藝節目，對查禁歌曲也相當敏感。在電臺所存的唱片上，都會針對禁歌註記，在唱片圓標上打叉、劃線，然後在音軌上貼黏布，甚至用焊烙鐵不客氣地焊燒一個洞，讓唱片裡的禁歌沒有播出機會。

謝雷的成名曲〈苦酒滿杯〉，不久就被發布查禁。（胡楠／提供）

國語台語禁唱歌曲（55、11、1以前明令禁唱者）

1夢2山歌3三年4心聲5心曲6心病7今夜8狂舞9爭風10我願11表功12花嫁13送郎14風雨15故鄉16夜思17拜年18昨夜19米米20恰恰21重逢22追求23旅伴24流星25起誓26流浪27探情28情歌29野餐30等郎31鄉愁32期待33喜歌34煩惱35想郎36燈下37漁歌38聲聲39謝謝40一條心41十三點42人海吟43三八歌44三顆樹45三人行46小奴奴47小東西48小橋月49小癩痲50小夜曲51大對唱52大拜年53山林果54女系圖55月和星56不要你57毛毛雨58天堂歌59五更啼60五更鼓61天堂尖62什麼話63今宵樂64四千金65四季歌66母女倆67功名好68打花鼓69石榴裙70牙擦擦71回了心72回來了73回春曲74老古董75好姑娘76好逑歌77好時代78好朋友79早操樂80江南夢81江湖女82百家春83光棍苦84你去了85我的愛86我要你87却却却88告訴我89求媒人90求蒼天91呀呀呀92拔菜根93迎春曲94呵呀呀95青春樂96青樓恨97姐梳妝98妹相思99夜裏廂100夜鶯曲101雨中鳥102秋之旅103哎呀呀104念故鄉105春風曲106春去了107春色早108相思曲109相思苦110相思恨

唱片同業公會手冊中的禁歌目錄（許石家屬／提供）

實際核對唱片破壞的歌曲唱片，可以發現，當年電臺禁播的歌曲不只是前述禁歌目錄所列，還有許多沒在目錄裡、卻被破壞了音軌的歌。到底那時禁了哪些歌？即使蒐集了禁歌目錄仍不夠，實際從老電臺的舊藏唱片裡去整理，才能看到更完整的面貌。

不過走出電臺之外，在唱片業的流行歌，以及坊間戲院演出的臺語電影，基本上就不受控了。並不是政府不想管，而是管不著，每有查禁歌曲的新聞一出，反倒推升了歌曲爆紅，如同當代的「飢餓行銷」一樣，創下驚人銷量，造成「愈禁愈有勁」的社會現象。

七〇年代：歌唱證 × 自我審查

一九六七年起政府推動中華文化復興運動，成立教育部文化局，整體文化政策也有所翻新，一面推廣「淨化歌曲」，在廣播電視強力播送，另一面更加強管控，企圖將文化觀念落實到社會面、市場面。

一切淨化歌曲的手段當中，影響歌壇生態最深遠的要屬「演員證」制度。考試得唱指定愛國歌曲等等，這些難不到專業歌手們，但能不能通過，是掌握在審查員手上，在歌王文夏、洪一峰的回憶訪談中，都說過當年被為難的情形，洪弟七、鄭日清、黃三元等兼差唱歌的公務員，都被迫得在唱歌事業與公務生涯之間作選擇，還在學的小妹妹歌星們，也都得畢業了才有資格應考。

有了證照制度，禁歌制度就能落到舞臺上去了，再加上既有的演藝事業、唱片出版登記制，後續再補上歌唱訓練班的登記制度，由地方政府下手管控發照，並雷厲風行掃盪歌廳、舞廳，落實執行。

政府三申五令要求歌曲淨化、端正風氣，甚至動手拔除當紅歌手後，歌壇人人自危，演出較為刺激火辣者，待歌曲走紅後，便立刻出國到日本、香港、東南亞去公演。再不就是演唱新潮的西洋歌曲，閃避警察單位耳目。

在新情勢下，臺灣社會似乎習慣了某類歌曲應該會被查禁，於是展開了「自我審查」。凡是聽起來不那麼符合官方制式樣貌的詞曲，僅僅述說些鄉間風情或小情小愛，加了些綴字、感嘆字者，便被質疑為「歪歌」，隨時被發文要禁。

這時在校園裡萌生的創作浪潮，也就是所謂的「民歌運動」中，就順著這樣的環境成長。眼見音樂創作風起雲湧，青年們抱著吉他、抓起口琴，在校園、街頭上隨口就唱，新聞局只能盯緊公眾發表管道，建立更嚴密的審查制度。

八〇年代：事先審查×政策收編

一九七九年起，新聞局要求所有歌曲在出版前先送審，查核通過後才能發行。這項制度確實地執行了八年，每週審查一次，前後審查了三百二十期，受審歌曲超過二萬首，未能通過者占六分之一，而先前被明文查禁的曲目累積了九百三十多首，仍不得在廣電媒體演唱。

從當時傳唱的歌曲來看，新聞局的審查標準較為明確，不再追究詞曲的情境，也較不常挑歌詞毛病，主要是針對國家認同、政治意識，以及對社會黑暗面的描述較為敏感。

這時期的禁歌事件，知名的有〈橄欖樹〉，傳言是因為歌詞中宣揚的流浪意識而無法過關。帶動民歌運動的李雙澤創作曲〈美麗島〉與〈少年中國〉，無論唱的是臺灣或中國，因涉及國家認同的政治敏感議題，都遭到禁唱。

民歌手楊祖珺在新格唱片發行的專輯，不但歌曲被禁唱，警察單位更全面出動回收唱片。知名音樂人侯德健在一九八三年投奔大陸，他在臺美斷交後風靡全臺的〈龍的傳人〉、〈那一盆火〉等歌曲突然間被電臺擺進冷凍庫，之後要發表的〈酒矸通賣無〉也成為禁歌。

既然有審查，自然會有修訂意見，在官方委員與創作者之間，發生不少來回摩擦的狀況，與其討論審查標準的邊緣，政府不如提出正面的引導，一九八六年之後，政府所幸推出「好歌大家唱」活動，徵選優良歌曲並製作演唱會，該活動也就成為「金曲獎」的前身。

解嚴前：多元聲音迸發

審查單位疲於奔命、捉襟見肘，但在錄音帶逐漸普遍化的臺灣社會，根本無法杜絕新舊歌曲的自由傳播。繁華的八〇年代街頭，帶著濃重江湖味、講述黑社會情緒的臺語歌不斷冒出來，最早帶動這種曲風的蔡振南，便是不管歌曲禁或不禁、審或不審，自組公司灌錄新歌。沈文程的〈心事誰人知〉、〈不應該〉，蔡秋鳳的〈金包銀〉、〈什麼樂〉，同時期陳小雲的〈舞女〉等等，在菜市場、夜市、計程車、宣傳車上，處處都聽得到。

從新聞局審查單位的角度來看，這一切的一切是如此嘈雜。有人大唱禁歌、有人偷賣唱片，有人投奔大陸、也有人走私進口，街頭出現根本沒送審的新歌、有被禁了卻又四處可見的錄音帶，甚至有人將禁歌灌錄成集，或在歌詞裡大肆批評政府、四處走唱，還有人以歌曲被禁為傲，大肆宣傳。

這是解嚴前臺灣多元聲音迸發的景象，在雷霆手段的當下，臺灣人一時噤聲無語，但多元的社會意見、濃郁的鄉土情懷、豐沛的生命力，總讓愛唱歌的臺灣人靜不下來，更忍不住泉湧的創意與發想。當春暖花開，在某個角落、某些音樂人不經意的帶動下，著實奏鳴起來，開展出更繁華喧囂的新時代。

延伸閱讀

何東洪、鄭慧華、羅悅全等著，《造音翻土：戰後臺灣聲響文化的探索》，遠足文化，二〇一五。

圖解台灣 32

流行歌年代記

作者　黃裕元
主編　徐惠雅
執行主編　胡文青
校對　黃裕元、王韻絜、胡文青
美術編輯　卷里工作室　季曉彤
封面設計　張蘊方
創辦人　陳銘民
發行所　晨星出版有限公司
台中市 407 工業區 30 路 1 號
TEL：04-23595820　FAX：04-23597123
https://star.morningstar.com.tw
行政院新聞局局版台業字第 2500 號
法律顧問　法律顧問陳思成律師
初版　西元 2023 年 08 月 20 日
讀者專線　TEL：（02）23672044（04）23595819#230
FAX：（02）23635741（04）23595493
service@morningstar.com.tw
網路書店　https://www.morningstar.com.tw
郵政劃撥　15060393（知己圖書股份有限公司）
印刷　上好印刷股份有限公司
定價　480 元
ISBN　978-626-320-432-4

國家圖書館出版品預行編目 (CIP) 資料

流行歌時代記 / 黃裕元著 . – 初版 . – 臺中市：晨星出版有限公司 , 2023.07
面；　公分 . – (圖解台灣 ; 32)
ISBN 978-626-320-432-4(平裝)

1.CST: 歌謠 2.CST: 聲音 3.CST: 臺灣

539.133　112004190